Dr. Carl A. Moeller & David W. Hegg
mit Craig Hodgkins

KIRCHE UNTER DRUCK

Was wir von verfolgten Christen lernen können

Dr. Carl A. Moeller & David W. Hegg
mit Craig Hodgkins

Kirche unter Druck

Was wir von verfolgten Christen lernen können

Open Doors
Im Dienst der verfolgten Christen weltweit

Impressum

Dr. Carl A. Moeller & David W. Hegg
mit Craig Hodgkins
KIRCHE UNTER DRUCK
Was wir von verfolgten Christen lernen können

ISBN 978-3-86353-095-2

This book was first published in the United States by Moody Publishers, 820 N. LaSalle Blvd., Chicago, IL 60610 with the title
THE PRIVILEGE OF PERSECUTION

Christliche Verlagsgesellschaft mbH
www.cv-dillenburg.de
Übersetzung: Brigitte Hahn, Hanau
Satz: CV Dillenburg
Umschlag: pixelkraft, www.pixelkraft.de
Druck: CPI Moravia Books, Pohorelice
Printed in Czech Republic

Von Carl Moeller

An meine Kinder Caroline, James, Claire und Alexandra:
Mein größtes Vorrecht ist es, euer Vater zu sein.
Ich danke euch so sehr, dass ihr im Dienst für die verfolgten Christen hinter mir steht.
Und an meine fantastische Frau Kim:
Ich danke Gott jeden Tag für die Liebe und Unterstützung,
die du mir bei diesem Projekt
und in unserem gemeinsamen Dienst schenkst.
Du bist für mich ein größerer Segen
als ich mir jemals erträumt habe.

Von David W. Hegg

An Abigail, Ellen und Andrew:
Nichts erfreut das Herz eines Vaters mehr
als miterleben zu dürfen, wie die eigenen Kinder
im Gehorsam dem allmächtigen Gott gegenüber aufwachsen.
Eure Liebe zu Jesus Christus
sei die Triebkraft für euer Engagement,
damit seine Gemeinde eine im Einklang mit seinem Wort
reformierte Gemeinde bleibt.

Inhalt

Vorwort 9

Erklärende Worte zur weltweiten Gemeinde Jesu 13

Einleitung 19

Kapitel 1: Gott und sein Wort 35

Kapitel 2: Die Anbetung Gottes und die Gemeinde Jesu 63

Kapitel 3: Gebet und Abhängigkeit von Gott 83

Kapitel 4: Gemeinschaft, Gesellschaft und Evangelisation .. 101

Kapitel 5: Der Umgang mit politischem Einfluss, Autorität und Macht 129

Kapitel 6: Großzügigkeit und Haushalterschaft 153

Epilog 179

Anmerkungen 183

Dank 185

Buchempfehlungen 187

Der Dienst von Open Doors 191

Vorwort

Ein lieber Bruder, den ich kenne – ich nenne ihn zu seinem eigenen Schutz „S." – führt ein Leben, wie es sich nur wenige von uns vorstellen können. Wenn man seine Geschichte hört, erscheint er einem wie eine Figur in einem Agenten-Thriller. Er wurde als Muslim geboren und fand als junger Erwachsener zum Glauben an Jesus Christus. Dieser Schritt führte zu enormen Spannungen in seiner Familie. Seine Angehörigen versuchten alles, damit er zum Islam zurückkehren würde. Als alle Versuche fehlschlugen, machten sie ihm ein letztes Angebot: „Wir werden dich in Ruhe lassen und dich nicht mehr wegen deiner Religion bedrängen, wenn ..." Den Preis für Ruhe und Frieden sollte die Tochter von S. bezahlen. Man wollte sie mit einem islamisch-fundamentalistischen Imam verheiraten. S. lehnte dieses Angebot ab.

Heute unternimmt S. weite Reisen durch unwegsames Gelände. Er trifft sich mit Jüngern Jesu, die alle aus dem Islam kommen. Diese Gläubigen versammeln sich in kleinen Hausgemeinden, immer an anderen Orten und zu unterschiedlichen Zeiten, um nicht den Verdacht ihrer Nachbarn zu wecken. In dieser von einer radikal-islamischen Sekte beherrschten Region haben Hunderte die Wahrheit des Evangeliums entdeckt. S. bringt diesen Menschen Bücher und Audiomaterial, damit sie im Glauben weiter wachsen können. Er macht den Leitern dieser Hausgemeinden Mut. Mit seinem Lächeln, seiner Herzlichkeit und seinen voller Leidenschaft gesprochenen Gebeten trägt er dazu bei, dass alle Gläubigen mutig ihren Weg weiter gehen.

Als S. kürzlich zwischen mehreren Dörfern hin und her pendelte, geriet er in einen Hinterhalt einer Gruppe von militanten Islamisten. Sie forderten ihn auf, zum Islam zurückzukehren, andernfalls müsse er sterben. Wie durch ein Wunder konnte er fliehen, aber er hatte eine Schussverletzung im Bein und konnte deswegen mehrere Wochen lang seinen Reisedienst nicht ausüben. Als ein guter Bekannter von mir ihn neulich an einem geheim gehaltenen Ort traf, konnten sich die Beiden nur eine Stunde lang unterhalten. S. war begeistert von einem neuen Projekt, bei dem biblische Inhalte durch Musik vermittelt werden. Auf diese Weise könne er in seiner Region viele Menschen erreichen, die nicht lesen und schreiben können. Als mein Bekannter ihn nach speziellen Gebetsanliegen fragte, antwortete er: „Die Gläubigen leben zu weit verstreut. Betet, dass wir mehr Gelegenheiten bekommen, Gemeinschaft miteinander zu pflegen." Er äußerte sich auch besorgt über die Kinder der Christen, denn sie stellen ihren Eltern schwierige Fragen wie zum Beispiel: „Warum habt ihr einen anderen Glauben als alle anderen um uns herum?"

Durch S. bekomme ich einen Einblick in den Alltag der verfolgten Christen. Es ist eine unglaubliche Herausforderung, wenn man seinen Glauben in einem von so großer Feindschaft geprägten Umfeld ausleben muss. Aber S. ist für mich der lebende Beweis jenes siegreichen Glaubens, den viele unserer Geschwister trotz aller Widerstände erleben. Ihr Gottvertrauen besteht die schwersten Prüfungen und offenbart die Macht Gottes. Diese Christen haben eine enge Beziehung zu Gott und einen Glauben, den ich auch gerne hätte. Wenn auch Sie diesen radikalen Glauben erleben wollen, dann halten Sie das richtige Buch in der Hand. Die beiden Autoren untersuchen die globale Gemeinde Jesu, deren Großteil unter Einschränkungen und Verfolgung zu leiden hat, und sie haben entdeckt, was auch Ihnen und Ihrer eigenen Gemeinde neues Leben bringen kann.

Als junger Mann befand ich mich auf meiner ersten Missionsreise nach Polen, als Gott aus seinem Wort zu mir sprach: „Wach auf und stärke das Übrige, das im Begriff stand zu sterben!" (Offb 3,2). Das war sein Ruf an mich, hinauszugehen und die verfolgte Gemeinde Jesu zu stärken, und das seit 1955 der Dienst von Open Doors. Aber heute höre ich diesen Appell unseres Herrn an die Gemeinde Jesu in Amerika und der gesamten freien Welt. Wir brauchen jene Lebenskraft des Glaubens, wie sie sich unter den Menschen zeigt, die in der von uns häufig als Dritte Welt bezeichneten Region leben.

Bei meinen Reisen in der westlichen Welt sagen die Leute zu mir: „Bruder Andrew, die Gemeinde Jesu braucht eine Erweckung. Wir beten für eine Erweckung." Da bin ich aber ganz anderer Meinung! Die Gemeinde Jesu braucht keine Erweckung, sondern eine Erneuerung. Eine Erweckung bringt mehr Leute auf die Kanzeln. Eine Erneuerung jedoch bewirkt eine Umwandlung im Denken und Handeln der Gemeinde Jesu und offenbart Jesus einer von Sünde zerrütteten Welt. Genau das brauchen wir.

Die verfolgte Gemeinde Jesu erfährt Lob Gottes und Gebet in einer Tiefe, die nur wenige von uns kennen. Wir können jedoch die gleiche, enge Beziehung zu Gott haben, denn unsere verfolgten Geschwister können uns zeigen, wie das geht. Darüber hinaus haben diese Christen gelernt, wie man echte Gemeinschaft in einem feindlichen Umfeld lebt. Sie werden vielleicht niemals in der Lage sein, ihr Umfeld zu beeinflussen, aber diese Tatsache ändert nichts an ihrer Entschlossenheit, ihren Glauben auszuleben und an verlorene Menschen weiterzugeben.

Vielleicht überrascht es uns am meisten, dass Gemeinden, die nichts haben, uns so vieles über wahre Opferbereitschaft lehren können. Ich habe zum Beispiel unglaubliche Beweise von Gastfreundschaft erlebt – von Menschen, die in Armut leben, aber alles mit mir geteilt haben.

Die beiden Autoren dieses Buches untersuchen sechs Bereiche, in denen die globale Gemeinde Jesu uns zeigen kann, wie echte Erneuerung aussieht. Deshalb hoffe ich, dass Sie bereit sind, sich selbst infrage zu stellen. Sie und ich gehören zum weltweiten Leib Jesu. Teile dieses Leibes leiden, ja kämpfen um ihr Überleben. Sie haben im Feuer des Leides gelernt, was lebendiger Glaube bedeutet. Wir brauchen diese Menschen. Wir sollten von ihnen lernen. Wir sollten ihnen zuhören, wenn die Stimme Gottes durch sie spricht, denn sie haben uns sehr viel zu geben.

Deshalb werden Sie mir nach der Lektüre dieses Buches zustimmen, dass in unseren Gemeinden nicht mehr alles seinen gewohnten Gang gehen darf. Nein, denn für die Gemeinde Jesu in der freien Welt ist es höchste Zeit, aufzuwachen und nach ihrer Bestimmung zu leben, so wie Gott es sich für seine Gemeinde wünscht.

Bruder Andrew, Gründer von *Open Doors*

Erklärende Worte zur weltweiten Gemeinde Jesu

Viele Amerikaner und Christen aus der westlichen Welt siedeln die verfolgte Gemeinde Jesu in der Dritten Welt an, weil sie in ihren Augen von Mangel geprägt ist, von einem Mangel an Bildung und materiellen Mitteln, von einem Mangel an allem, was unserer Meinung nach zu einer gut funktionierenden Gemeinde gehört. Aber diese Sichtweise birgt eine gewisse Ironie in sich. Im Grunde genommen leiden *wir in der westlichen Welt* unter einem Mangel. Deshalb brauchen wir die verfolgte Gemeinde Jesu mehr als sie uns braucht. Für diese Lektion sollten wir eine gewisse Demut mitbringen, denn jeder von uns beiden muss sie auf seine Weise lernen.

* * *

Als ich bei Open Doors USA meine Arbeit als Vorsitzender und Geschäftsführer aufnahm, fiel mir auf, dass wir aus dem westlichen Kulturkreis unseren Glaubensgeschwistern in anderen Teilen der Welt mit einer unterschwelligen Herablassung begegnen. Ich bin zu dieser wichtigen Erkenntnis gekommen: Viele unserer Annahmen und Sichtweisen über diese Menschen haben sich als vollkommen falsch herausgestellt. Die verfolgte Gemeinde Jesu ist zugleich einfacher und komplexer als es uns in der westlichen Welt bewusst ist. Oder kurz gesagt: Unsere Glaubensgeschwister sind uns ähnlicher als wir meinen.

In Amerika orientieren sich Pastoren gewöhnlich an der Mega-

Kirche eine Straße weiter oder in einem anderen Teil des Landes, wenn es darum geht, Neuerungen in ihre Gemeinden zu „importieren“, damit diese lebendiger, wirkungsvoller und erfolgreicher werden. Ich weiß das, weil ich in mehr als einer großen Gemeinde als Pastor tätig war. Aber nachdem ich eine Vielzahl von Ländern in allen Kontinenten bereist habe, habe ich selbst miterlebt, wie die Gläubigen dort sich in allen Bereichen ihres Lebens an Jesus Christus orientieren. Ich habe erkennen müssen, dass ihr lebendiger, opferbereiter und auf Gemeinschaft ausgerichteter Glaube eher dem entspricht, was Gott für seine Gemeinde und seine Kinder im Sinn hat.

Ein ebenfalls weit verbreitetes Vorurteil ist die Auffassung, es gebe keine großen Unterschiede in der weltweiten Gemeinde Jesu. Aber die Gemeinden sind nicht nur von Land zu Land verschieden, sondern auch von Region zu Region in ein und demselben Land. In manchen Ländern gibt es beispielsweise etablierte, traditionelle Kirchen, während in anderen Ländern die Bewegung der Hausgemeinden vorherrscht. Außerdem kann sich auch die Art der Verfolgung, unter der Christen weltweit zu leiden haben, stark unterscheiden. In manchen Regionen wird Verfolgung von den vorherrschenden Religionen verursacht, in anderen Gegenden direkt von staatlichen Stellen. Manchmal führt Verfolgung zu sozialen Missständen oder dem Verlust von Grundrechten, manchmal aber auch zu körperlichen Verletzungen oder zum Tod.

Auch in der westlichen Welt haben wir die Möglichkeit zu verstehen, was Verfolgung ist. Wenn nach den Worten der Bibel alle, die ein gottgemäßes Leben führen wollen, verfolgt werden (vgl. 2.Tim 3,12), was bedeutet das dann für uns? Der Begriff Verfolgung beinhaltet das Eingeständnis, dass in unserem Leben ein Kampf stattfindet. Wie zeigt sich dieser Kampf in unserem Leben? Wie gehen wir damit um? Das ist nur eine kleine Auswahl der wichtigen Fragen, die mein Mitautor David und ich uns in diesem Buch stellen wollen.

Carl Moeller

Im Laufe der Jahre bin ich durch meine Verbindung zu *Open Doors* auf eine Reise mitgenommen worden, deren Route ich vorher noch nicht kannte. Zunächst war meine Denkweise über die verfolgte Gemeinde Jesu geprägt von der Vorstellung, die die meisten Christen in der westlichen Welt haben. Ich sah unsere verfolgten Geschwister durch die Brille unserer Stärke und ihrer Schwäche. In meinen Augen waren sie arm und bedürftig, mangelhaft ausgebildet und schlecht ausgestattet. Sie brauchten dringend unsere Hilfe, und wir fühlten uns richtig toll, wenn wir ihnen unsere Konzepte und finanziellen Mittel zur Verfügung stellen konnten, um sie aus ihrer schlimmen Lage zu „retten“. Das war meine Meinung, bis ich in ein Flugzeug stieg, um diesen Menschen zu begegnen, in ihrem Zuhause, auf ihrem Grund und Boden, in ihren Gemeinden. Schon bald erkannte ich, dass ihre enge, von Demut geprägte Beziehung zu Jesus Christus in ihnen das Feuer eines außergewöhnlichen Glaubens entfachte.

Ich beneidete sie um die Prioritäten in ihrem Leben. Die Liebe und Zuwendung, die sie einander gaben, waren so stark ausgeprägt, wie ich es mir für unsere Gemeinde wünschte und wie ich es in meiner Verkündigung immer wieder zum Ausdruck brachte. Natürlich brauchten sie unsere finanziellen Mittel und unsere Materialien. Wir dagegen brauchten ihre tiefe Einsicht über die im Alltag gelebte, enge Verbindung zu Jesus Christus und seiner Gemeinde.

Weil ich gemeinsam mit Carl dieses Buch verfasst habe, hatte ich die Gelegenheit, meine Einsichten an andere Christen weiterzugeben, damit sie profitieren können vom Leben und der Weisheit jener Menschen, die unseren Glauben teilen, aber nicht unsere Freiheit genießen. Wir Christen in der freien Welt sollten lernen zu begreifen, dass Verfolgung ein Vorrecht ist, das unser Erlöser dazu verwenden kann, unsere Prioritäten wieder richtig zu setzen und unseren Dienst an ewigen Werten auszurichten, denn nur diese zählen in seinen Augen.

David W. Hegg

Schmerz macht den Menschen nachdenklich.
Nachdenken macht den Menschen weise.
Weisheit macht das Leben erträglich.

John Patrick
The Teahouse of the August Moon, 1. Akt, 1. Szene

* * *

Es ist nicht der wahrhaft geduldig,
der nur so viel Leid auf sich nimmt,
wie es ihm gefällt oder von wem es ihm gefällt.

Thomas von Kempen
Nachfolge Christi

Einleitung

Wie viele Mitarbeiter in den frühen Jahren der Walt Disney Studios war auch Albert Hurter ein hochbegabter Künstler. Der von Hand gezeichnete Zeichentrickfilm war und ist ein arbeitsintensives Medium, mit genau umrissenen Aufgaben, die von vielen hundert talentierten Künstlern fast in Fließbandmanier ausgeführt werden, mit Werkzeugen wie dem Bleistift, der Feder und Farben. Die Arbeit an den bewegten Bildern ging nicht schnell von der Hand. Für jeden Trickfilm brauchte man etwa drei Jahre bis zur Fertigstellung, vom ersten Szenenbuch über Tonaufnahmen und Bleistiftzeichnungen bis hin zur Einfärbung der Zelluloidfolien, dem Malen der Hintergründe und dem Ablichten eines jedes Einzelbildes bis zur Entstehung des endgültigen Farbfilms. Hurters Aufgabe in der Belegschaft war so einzigartig wie seine Persönlichkeit. Er war fast fünfzig Jahre alt, als er 1931 bei Disney anfing. Seine Kollegen waren damals um die Zwanzig, denn Walt Disney selbst war erst neunundzwanzig. Der gebürtige Schweizer arbeitete so methodisch und war so pünktlich, dass die Studiomitarbeiter ihre Uhren nach ihm stellten. Aber im Unterschied zu den anderen war er kein Geschichtenschreiber, kein Trickzeichner, kein Einfärber oder Hintergrundmaler. Er war der erste, der bei Walt Disney als Inspirationszeichner arbeitete.

Jeden Tag schuf Hurter Hunderte Illustrationen, um die Fantasie der Geschichtenschreiber und Trickzeichner anzuregen. Er zeichnete abstruse Gestalten, Stimmungsbilder und Gruppenszenen oder aber komplizierte Strukturen und Inneneinrichtungen von Gebäuden. Sein Verdienst war es, die Ideen für viele Comiczeichnungen geliefert zu haben, und er leistete einen entscheidenden Beitrag zur

Entstehung der ersten beiden Zeichentrickfilme *Schneewittchen und die sieben Zwerge* sowie *Pinocchio*. Trotz seiner Strenge und Zurückhaltung wandten sich alle seine Kollegen an ihn, wenn sie künstlerische Hilfe und Tipps brauchten. Das geschah so häufig, dass ein kurzer, aber bezeichnender Dialog in die Studio-Annalen eingegangen ist. Eines Tages bat ein junger Künstler Albert Hurter „um sein fachliches Urteil über eine mit viel Arbeit und Mühe geschaffene Perspektivzeichnung. ‚Seien Sie ganz offen zu mir. Sagen Sie es mir ruhig, wenn an dieser Zeichnung etwas nicht stimmt', sagte der Grünschnabel, dem Hurter bedächtig antwortete: ‚An dieser Zeichnung stimmt gar nichts.'"[1]

Es ist nicht unsere Absicht, über die Gemeinde Jesu in Amerika ein ähnliches Urteil zu fällen. Schließlich gibt es dort sehr vieles, was „stimmt". Wir kennen unzählige Beispiele von mutigen, sozial engagierten, gottgemäß lebenden Menschen, die überall in Amerika in Gemeinden für Jesus Christus wirken. Und doch ist uns auch bewusst, dass wir in manchen Bereichen unseres Glaubenslebens – auch in manchen christlichen Gemeinden und Konfessionen – nicht so gut abschneiden, wie wir sollten.

Aber wir sollten nicht alles falsch verstehen, bloß um uns einzugestehen, dass wir Defizite haben.

Wir wollen uns jedoch auch davor hüten, die weltweite Gemeinde Jesu oder die verfolgte Gemeinde Jesu, wie wir sie in diesem Buch häufiger nennen werden, zu glorifizieren. Die verfolgte Gemeinde Jesu besteht nicht aus Christen ohne Fehl und Tadel. Wie die Gemeinde Jesu in der westlichen Welt setzt sie sich zusammen aus Menschen, die sündigen und ihr eigenes Päckchen zu tragen haben, in ihrem persönlichen und gesellschaftlichen Leben.

Allerdings sieht dieses Päckchen bei ihnen anders aus als bei uns.

Deshalb versuchen wir mit diesem Buch das gleiche Ziel zu erreichen wie Albert Hurter in seiner Zeit bei Walt Disney, nämlich unsere Leser anhand von Illustrationen zu informieren und zu inspirieren. Diese Illustrationen bestehen aus persönlichen Erfahrungen und Beispielen aus dem Glaubensleben der verfolgten Gemeinde Jesu.

Was ist die verfolgte Gemeinde Jesu?

Aber bevor wir von diesen mutigen Menschen lernen können, müssen wir uns klar werden, wer oder was die verfolgte Gemeinde Jesu ist.

Erstens gehören zur verfolgten Gemeinde Jesu viele oder sogar fast alle Christen, die nicht in der westlichen Welt leben. In den letzten Jahren ist viel geschrieben worden über das Wachstum der weltweiten Gemeinde Jesu, über das Erstarken des Christentums in Afrika, Asien und Lateinamerika. Obwohl man diese Tatsache erwähnen sollte, wird uns nicht immer verdeutlicht, dass viele Christen in der südlichen Hemisphäre von Verfolgung bedroht sind. Die weltweite und die verfolgte Gemeinde Jesu sind deshalb größtenteils deckungsgleich.

Zweitens nimmt die vorsätzliche Verfolgung von Kindern Gottes rund um die Welt unterschiedliche Züge an. Am häufigsten geschieht sie in Ländern oder Regionen, in denen Christen eine Minderheit darstellen und andere Religionen von der Tradition her das gesellschaftliche und kulturelle Leben beherrschen. Manchmal wird Verfolgung von Vertretern der jeweiligen Regierung verursacht, manchmal auch von Verantwortlichen aus den mehrheitlich vorhandenen Religionen. Für manche Christen bedeutet Verfolgung den Verlust der Bürgerrechte. Andere wieder werden von der Gesellschaft geächtet oder von ihren Familien verstoßen. Und tragischerweise führt Verfolgung für viele zu schlimmen körperlichen Verletzungen oder zum Tod. Aber Verfolgung ist kein statisches Phänomen. In jedem Jahr verbessert sich die Lage von Christen in manchen Ländern, während sie sich in anderen verschlimmert.

Aber Verfolgung, Druck und Leid scheinen zu unterschiedlichen Ergebnissen zu führen, je nachdem, wo sie geschehen. In Amerika scheinen Druck und Leid die Menschen von Gott wegzutreiben. Aber in der globalen Gemeinde Jesu außerhalb von Nordamerika (und der westlichen Welt) scheint es umgekehrt zu sein. Menschen werden durch erlebtes Leid zu Gott hin getrieben, und häufig fühlen sie sich geehrt, weil sie die Gelegenheit haben, um Jesu willen zu leiden.

Leid als Vorrecht

Für die verfolgte Gemeinde Jesu ist Leiden ein Vorrecht.

Wie kann das sein? Diese Frage gehört zu den vielen Themen, die wir in diesem Buch untersuchen werden. Aber wir wollen an dieser Stelle bereits eine kurz gefasste Antwort geben.

In der westlichen Welt können der trügerische Schein des Wohlstands und die falsche Sicherheit des Komforts zu einer gewissen geistlichen Trägheit führen. Wir erkennen nicht, wenn wir auf den Abgrund zusteuern, und allzu leicht stürzen wir hinunter. In der verfolgten Gemeinde Jesu dagegen sind Christen aufgrund der ständigen Bedrohung und Widerstände von Seiten des Feindes dazu gezwungen, klar und deutlich zu sehen, wo die Gefahren für sie lauern. Sie wissen, dass jeder Bereich ihres Glaubenslebens ein Schlachtfeld ist. In der westlichen Welt haben wir uns daran gewöhnt, Sünde und trügerischen Schein in unserem Leben zu tolerieren, und so sehen wir viele Dinge bereits nicht mehr als das, was sie wirklich sind, nämlich Sünde und Täuschung.

Jedes über einen gewissen Zeitraum wiederholte menschliche Bemühen unterliegt einer gewissen Abnutzung. Das kann auch auf Gebet, Lobpreis und unsere Großzügigkeit anderen gegenüber zutreffen. Diese und andere geistliche Waffen – und unsere Sinne – können durch äußere Einflüsse und mangelnde Pflege „verrosten". Aber verfolgte Christen leben in einem feindlichen Umfeld. Sie können sich niemals entspannt zurücklehnen. Ihre Waffen der Anbetung und Fürbitte bleiben scharf durch ständigen Gebrauch und die stützende Gemeinschaft mit anderen Christen, in der Eisen an Eisen geschärft wird. Und durch die ständige Reibung mit der „Stahlwolle" ihres kulturellen und gesellschaftlichen Umfelds können sie keinen Rost ansetzen.

Wenn ein Christ/eine Christin von seinem/ihrem Glauben erzählt und dabei jedes Mal Gefahr läuft, von seinem/ihrem Gesprächspartner an die Behörden ausgeliefert zu werden und im Gefängnis zu landen, dann wird aus dem simplen Akt des Redens über den Glauben eine Glaubensentscheidung. Jeder Moment eines solchen Gesprächs ist von großer Bedeutung. Wenn ein Pastor oder Bibellehrer das Wort Gottes verkündigt und dabei das Risiko eingeht, verhaftet oder tätlich angegriffen zu werden, seiner Familie oder anderen geliebten Menschen zu schaden, dann wird die Verkündigung von Gottes Wort ebenfalls zu einer echten, konkreten Glaubensentscheidung. Und jedes Mal, wenn wir uns entschließen, dem Ruf Gottes für unser Leben zu folgen, werden wir ein wenig mehr geschliffen, und der Rost fällt von uns ab. Durch die ständige Erfahrung des Schleifens und Schärfens kann innerhalb der verfolgten Gemeinde Jesu wegen dieser einfachen Glaubensübungen keine Unzufriedenheit aufkommen, weder unter Pastoren noch unter Gemeindemitgliedern. Manche Pastoren dienen ihren Gemeinden bereits zwanzig oder dreißig Jahre lang. Viele müssen im Untergrund bleiben, manche sitzen im Gefängnis, aber dennoch fehlt jede Form von Unzufriedenheit.

Weil sich verfolgte Christen ständig neuen oder immer wieder den gleichen Herausforderungen stellen müssen, haben sie gelernt, dass die große Treue Gottes jeden Morgen neu sein kann. Wir in der westlichen Welt tun uns schwer damit zu verstehen, wie unsere Glaubensgeschwister in anderen Ländern ihren Glauben unter so schwierigen Umständen behalten können und warum sie so entschlossen daran festhalten. Aber dafür gibt es nur eine Erklärung: Der Geist Gottes hat an ihren Herzen gewirkt und ihnen die Wahrheit offenbart. Diese Wahrheit ist für sie eine so kostbare Perle, dass sie alles verkaufen würden, was sie haben, um sie zu besitzen.

Vielleicht sind wir in der westlichen Welt bereits so stark gefesselt – und belastet – von den vielen Strängen aus massenhaft vorhandenen Zuchtperlen um unsere Hälse, dass wir nicht mehr fähig sind, eine echte, seltene Perle von ihnen zu unterscheiden.

Vielleicht klingt es seltsam, aber Pastoren und einzelne Christen in der verfolgten Gemeinde Jesu haben großes Mitleid mit uns Gläubigen aus der westlichen Welt. Oft beten unsere verfolgten Geschwister, dass unser Wohlstand und die damit verbundenen Zerstreuungen uns nicht von unserem Glauben wegdrängen, uns nicht die erste Liebe zu Jesus rauben oder uns von der Aufgabe abbringen, die Gott uns anvertraut hat. Für jemanden, der im Umfeld der verfolgten Gemeinde Jesu fest verankert ist, könnte es schwierig sein, die Probleme von Christen aus der westlichen Welt nachzuempfinden, wenn sie meinen, sie hätten einen richtig schlimmen Tag hinter sich, nur weil ihre Tochter nicht in die Theatergruppe der Schule aufgenommen wurde. Und wissen Christen aus der verfolgten Gemeinde Jesu, dass sie anderen Menschen nicht die Schuld geben können, nur weil deren Leben nicht von einem ständigen Existenzkampf geprägt ist. Schließlich müssen wir uns dort entfalten, wo Gott uns hingestellt hat.

Unsere verfolgten Geschwister begreifen, dass die Gemeinde Jesu eine Einheit bildet und der Feind eine ganze Palette von ausgeklügelten Plänen hat, um uns zu unterwandern und zu entzweien. Satan prüft die Gemeinde Jesu in der westlichen Welt und die verfolgte Gemeinde niemals auf ein und dieselbe Art, aber mit individuell angepassten Versuchungen verfolgt er immer das gleiche Ziel, nämlich uns voneinander zu trennen und uns die Kraft zu rauben. Aber die Segnungen, die Gott uns in diesen Zeiten der Prüfung schenkt, sind ebenfalls auf die jeweilige Person zugeschnitten. So kann beispielsweise eine Beförderung am Arbeitsplatz in unseren Augen ein Segen sein, aber der Feind kann dadurch in uns den Ehrgeiz und die Gier nach mehr anstacheln und uns dazu verleiten, weniger Zeit mit unserer Familie zu verbringen. Im Gegensatz dazu kann für einen verfolgten Christen eine Haftstrafe wie ein Fluch erscheinen, aber Gott kann diesen Umstand in einen Segen umwandeln, weil die Zeit im Gefängnis auch zu einer Atempause für einen müde gewordenen Glauben werden kann.

In Wirklichkeit findet sich eine größere Gemeinsamkeit in unseren jeweiligen Erfahrungen, als die oberflächliche Bewertung unserer jeweiligen Lebenssituationen uns glauben machen will. Wenn wir die Gleichnisse Jesu mit neuen Augen lesen, erkennen wir, dass für die Nachfolge Jesu an keiner Stelle materielle Vorteile verheißen werden. Christen aus der verfolgten Gemeinde Jesu kennen diese Wahrheit aus persönlicher Erfahrung, und dennoch finden jedes Jahr Millionen Menschen zum Glauben an Jesus Christus – in

Ländern, in denen es am schwersten ist, eine solche Entscheidung zu treffen, dort, wo es keine gesellschaftlichen oder wirtschaftlichen Vorteile mit sich bringt, wenn man an Jesus glaubt. In Ländern wie Pakistan oder Afghanistan wagen Menschen nur deshalb einen solchen gewaltigen Glaubensschritt, weil Gott ihnen die Wahrheit offenbart und die Wahrheit sie frei gemacht hat.

Aber weil wir in einem von christlich-jüdischen Werten geprägten Umfeld aufgewachsen und hauptsächlich umgeben sind von Menschen, die diese Werte schätzen, selbst wenn sie nicht an Gott oder die christliche Botschaft glauben, haben wir vielleicht vergessen, wie radikal anders die göttliche Wahrheit ist als die Welt und dass wir ebenfalls anders sein sollen. Stattdessen suchen wir eher über unseren Verstand den Zugang zur radikalen Nachfolge Jesu, aber dieser Weg ist vielleicht nur schwer zu finden in unserer westlichen Kultur, gerade wenn man einen stark von der Vernunft geprägten Glauben hat.

Das salomonische Problem

In der westlichen Welt haben wir das gleiche Problem wie einst König Salomo. Sein Vater hinterließ ihm ein gewaltiges Vermächtnis der Gerechtigkeit aus Glauben. Er hatte ein großes Vorrecht und absolute Macht, und in vielfältiger Weise war der Beginn seines Weges als König gut. Er bat Gott um Weisheit, und Gott erhörte dieses Gebet. Aber wenn wir ein wenig tiefer unter die Oberfläche schauen, dann wird uns bewusst, dass sich die Erfahrung von König Salomo stark unterschied von der seiner Vorgänger. Saul hatte ein Königreich verschleudert, David hatte sich ein Königreich erarbeitet, aber Salomo war Erbe eines Königreichs. Salomo hatte keinen Grund, sich schuldig zu fühlen, weil er die Königsherrschaft von seinem Vater erbte. Gott gab Salomo auch keine Schuld, weil er reich war. Ebenso sollten sich Amerikaner nicht schuldig fühlen, weil ihr Land zu den reichsten Nationen auf Erden gehört. Extremer Wohlstand kann in vieler Hinsicht ein großes Hindernis darstellen, aber es ist wichtig, sich darüber klar zu werden und damit zurechtzukommen.

Aber an dieser Stelle verläuft die Erfahrung, die König Salomo gemacht hat, parallel zu unseren eigenen Erfahrungswerten. Als Salomo seinen Weg als König begann, wusste er, was wahre Demut vor Gott bedeutet. Die Anfechtungen kamen erst später. Als er sich immer wohler fühlte in dem Luxus, den ihm Gott geschenkt, und in allem anderen, was er zusätzlich erworben hatte, begann er, die Grenzen eines gottgemäßen Lebens und Handelns auszuweiten. Die Wahrscheinlichkeit ist hoch, dass er weiterhin den Tempel besuchte, denn er hatte ihn ja bauen lassen, aber er legte sich über tausend Ehefrauen und Nebenfrauen zu und machte in seiner eigenen Familie Zugeständnisse in Bezug auf den Götzendienst. Er schuf eine Plattform für die Anbetung vieler Götter mitten im jüdischen Volk, und er verschaffte den Feinden Gottes Zugang zum Innersten seines Königreiches. Obwohl die Bibel nicht allzu viel darüber berichtet, ist es durchaus möglich, dass er auch Ratgeber aus den Herkunftsländern seiner Ehefrauen hatte und die Priester von Baal und Dagon mit den Zehnten des Volkes Israel unterstützte.

Salomo konnte seine persönliche Beziehung zum lebendigen Gott über viele Jahre beibehalten, aber alle diese Dinge führten zu seiner Zerstörung. Und das wusste er auch. Man braucht nur das Buch Prediger zu lesen.

> „Nichtigkeit der Nichtigkeiten! – spricht der Prediger; Nichtigkeit der Nichtigkeiten, alles ist Nichtigkeit! Welchen

> Gewinn hat der Mensch von all seinem Mühen, mit dem er sich abmüht unter der Sonne? Eine Generation kommt, und eine Generation geht; aber die Erde besteht in Ewigkeit" (Pred 1,2-4).

Trotz all des Reichtums und des Ansehens, der vielen Frauen, der Macht, ja sogar der Weisheit ... am Ende seines Lebens konnte Salomo nur noch sagen: „Alles ist Nichtigkeit."

Wie König Salomo ist auch die Gemeinde Jesu in Amerika mit einem Erbe gesegnet worden. Die Gründerväter unseres Landes baten Gott um Weisheit, und dann legten sie den Grundstein für die vielen Freiheiten, die wir seit über zwei Jahrhunderten genießen, darunter auch die Freiheit, Gott in der Öffentlichkeit und ohne Angst vor Verfolgung anbeten zu können. Aber weil wir uns an unseren Wohlstand gewöhnt haben, haben wir die Werte des Feindes in unserem Leben übernommen; und jetzt geschieht es, dass wir häufig nicht mehr den Unterschied zwischen Wahrheit und Lüge erkennen können, sogar in unseren Gemeinden. Wenn wir ganz ehrlich sind, dann war es für unsere Vorfahren einfacher als für uns heute, sich ein Leben voller Opfer vorzustellen, gefolgt von einer Belohnung in der Ewigkeit. Unsere Kultur der sofortigen Bedürfnisbefriedigung lässt uns in dem Glauben, dass das, was wir hier und jetzt bekommen können, weitaus besser ist als das, was wir möglicherweise in ferner Zukunft bekommen. *Es ist eine Gewinn-Situation für beide Seiten*, sagen wir uns.

Am Ende der Herrschaft von König Salomo bestand sein Vermächtnis nicht aus weitergegebenem Wissen und einer von Weisheit und Intelligenz geprägten Lebensgestaltung. Er hatte sein von Gott verliehenes Erbe verspielt, und das Reich, das er seinem Sohn überließ, befand sich in einem Zustand der Auflösung. Schon bald brach es auseinander, denn es zeigte sich, dass in seinem Kern nichts mehr vorhanden war. In weiten Teilen des Reiches war der Glaube an Gott fast abhanden gekommen.

Der Gemeinde Jesu in Amerika stellt sich heute die gleiche Frage wie damals: Was tun wir mit unserem von Gott verliehenen Erbe? Welchen Glauben leben – und hinterlassen wir – für unsere Kinder und deren Kinder?

Was wir von der Artischocke lernen können

Als Bürger der Vereinigten Staaten von Amerika stellen wir oft keinen Zusammenhang zu dieser Tatsache her, aber die meisten unserer Vorfahren waren verfolgte Christen. Sie alle, ob Puritaner, Pilgerväter, Katholiken, Quäker und andere, kamen mit einem Gefühl der Verzweiflung in dieses Land, auf der Suche nach einem Ort, an dem sie ihren Glauben ausleben konnten. Trotz dieser bescheidenen Anfänge neigen wir häufig dazu, die verfolgte Gemeinde Jesu falsch zu verstehen und zu unterschätzen. Wenn wir sie mit unserer von der westlichen Welt geprägten Denkweise betrachten, meinen wir, in ihr einen Mangel zu erkennen, einen Mangel an finanziellen Mitteln, an Bildung.

Aber die verfolgte Gemeinde Jesu gleicht einer Artischocke. Von außen ist diese Pflanze nicht besonders reizvoll. Sie ist kein Blickfang wie die stromlinienförmige Gurke oder die kräftig rote Tomate. Man kann sich kaum vorstellen, dass sie auch nur ein Mensch hätte essen wollen, aber glücklicherweise hat jemand dieses Experiment riskiert. Wenn Sie anfangen, eine Artischocke zu essen, stellen Sie fest, dass trotz ihres harten, beinahe stachlig wirkenden Blattwerks die äußeren Blätter noch nicht einmal so schlecht schmecken und auch einen gewissen Nährwert haben. Aber die Artischocke ist ein wunderbares

Beispiel für einen Belohnungsaufschub. Denn je weiter Sie in das Innere dieser Pflanze vordringen, desto besser wird sie. Die Blätter werden zarter und aromatischer. Und wenn Sie schließlich im Herzen angekommen sind, dem süßlich schmeckenden, fleischigen Inneren, haben Sie das Beste erreicht.

Wir und auch unsere christlichen Gemeinden haben eine Vielzahl von „äußeren Blättern“ angesammelt. Weil wir unser Herz an diese Dinge gehängt haben, sind sie zu einer zusammengesetzten Mauer um das gute, süße Herz des Evangeliums geworden. Deshalb sollten wir es der verfolgten Gemeinde Jesu gleich tun. Wir sollten uns weniger Gedanken machen über das Aussehen und die Gestalt unserer „äußeren Blätter“, der Dinge, die wir „übereinander schichten“, weil wir meinen, dadurch unser Gemeinden zu verbessern; statt dessen sollten wir uns auf das Herz, den inneren Kern, konzentrieren. Wenn wir die Haltung und Glaubenspraxis der Menschen in der verfolgten Gemeinde Jesu untersuchen, befinden wir uns schon auf einem guten Weg. Ihr Gemeindeleben ist viel unkomfortabler als unseres. Manchmal müssen sie fünf Kilometer weit laufen, um an einem Gottesdienst teilnehmen zu können. Sie haben nicht genug Lebensmittel, und ihre medizinische Versorgung ist mangelhaft. Vielen von ihnen ist es von Staats wegen verboten, sich zu versammeln. Manche von ihnen landen im Gefängnis. Aber sind sie besser gestellt als wir, wenn es um den Glauben geht?

Wenn wir ehrlich sind, müssen wir diese Frage mit Ja beantworten!

Die Gemeinde Jesu in Entwicklungsländern und in Ländern, in denen Verfolgung herrscht, hat uns viele Lehren zu vermitteln, weil die Christen in diesen Regionen noch immer wissen und sich noch immer daran erinnern, wie es sich angefühlt hat, als sie das Evangelium gehört und aufgenommen haben.

Darauf sollten wir uns zurückbesinnen, und deshalb sollten wir uns das Motto der Reformatoren wieder zu Eigen machen. Es lautet: „Ecclesia reformata, semper reformanda secundum verbum die"; oder für die Nicht-Lateiner unter uns: „Die reformierte Gemeinde Jesu ist immer wieder zu reformieren auf der Grundlage des Wortes Gottes."

Zeit für einen Einsatzbericht

In Kriegs- oder Friedenszeiten wird von Führungskräften im Militär ein täglicher Bericht erwartet, der auch bekannt ist unter der Abkürzung AAR (After Action Review, dt.: Einsatzbericht). Diese Berichte vermitteln Soldaten und ihren Einheiten eine Rückmeldung über die Leistung bei Einsätzen in Manövern oder im Kampfeinsatz. Sie haben einen großen praktischen Nutzen, denn AARs zeigen auf, wo Defizite ausgeglichen werden müssen, wo die Stärken liegen, und sie legen den Schwerpunkt auf bestimmte, für Kampfaufträge wesentliche Aufgaben sowie Ziele für die Ausbildung der Soldaten. Der Schlüssel zum Erfolg dieser Berichte ist ein Klima der Offenheit. Soldaten und Befehlshaber diskutieren offen und präzise über die Vorkommnisse, sodass jeder die Geschehnisse und ihre Gründe dafür verstehen kann. Wichtiger noch, jeder Soldat in der Einheit soll die Bereitschaft mitbringen, eine fehlerhaft abgelaufene Übung zu wiederholen.

Weil diese Berichte täglich erstellt und archiviert werden, sind sie immer auf dem neuesten Stand, wenn neue und ausführlichere Informationen ans Licht kommen. Stolz und Dickköpfigkeit sind hierbei ausgeklammert, denn besonders im Kriegsfall können jede falsche Annahme oder jeder Fehler fatale Folgen haben und Menschenleben kosten. Das Ziel des AAR besteht darin, jeden Soldaten einer Einheit zu befähigen, die erforderlichen Aufgaben im jeweiligen Einsatz besser durchzuführen. Fähige Befehlshaber sind bereit, die Lehren aus den AARs zu verstehen und anzuwenden.[2]

Betrachten Sie deshalb dieses Buch als Einsatzbericht, niedergeschrieben im Namen der verfolgten Gemeinde Jesu, mit dem Ziel, dass sich ihre Kampfgefährten in der westlichen Welt weiterentwickeln. Auf den nächsten Seiten befassen wir uns mit sechs wichtigen Bereichen, in denen Christen aus der westlichen Welt von ihren verfolgten Geschwistern viel lernen können.

Obwohl es zwischen den verschiedenen Kapiteln und Themen zu Überschneidungen kommen kann, konzentrieren wir uns im Wesentlichen auf diese Bereiche:

- Gott und sein Wort
- Anbetung und die Gemeinde
- Gebet und Gottvertrauen
- Gemeinschaft, gesellschaftliche Einflüsse und Evangelisation
- Leitungsaufgaben, Autorität und der Umgang mit Macht
- Großzügigkeit und Haushalterschaft

Es ist unser Wunsch und Gebet, dass der Geist Gottes – und vielleicht sogar die Erinnerung an Albert Hurter – Sie anregen wird, darüber nachzudenken, was ein erneuerter Glaube bei Ihnen selbst und im Gemeindeleben wirken kann. Mögen der Mut und der im Alltag gelebte Glaube der verfolgten Christen Sie zum Nachdenken bringen über das, woran Sie glauben, und über Ihre Denkweise und die Art, wie Sie Ihre neuen Erkenntnisse in die Praxis umsetzen wollen.

Dabei gebührt Gott allein die Ehre.

Alle Schrift ist von Gott eingegeben und nützlich zur Lehre, zur Überführung, zur Zurechtweisung, zur Unterweisung in der Gerechtigkeit, damit der Mensch Gottes richtig sei, für jedes gute Werk ausgerüstet.

2. Timotheus 3,16-17

… so wird mein Wort sein,
das aus meinem Mund hervorgeht.
Es wird nicht leer zu mir zurückkehren,
sondern es wird bewirken, was mir gefällt, und ausführen,
wozu ich es gesandt habe.

Jesaja 55,11

1
Gott und sein Wort

Während eines Besuchs in den USA übernachtete eine Gruppe Christen aus der verfolgten Gemeinde Jesu in Nordkorea bei der Familie eines Pastors im Pazifischen Nordwesten. Am Sonntag besuchten sie zunächst gemeinsam den Gottesdienst, und dann nahmen sie zusammen mit Pastor Hogan (der Name wurde von den Autoren geändert) und einer anderen Gruppe eine Einladung zum Mittagessen an. Die Familie des Pastors fuhr nach Hause. Als die Besucher aus Nordkorea ins Haus des Pastors zurückkehrten, saß sein Sohn, der damals noch ein Teenager war, auf dem Sofa und las in seiner Bibel. Die Gäste betraten den Raum, und der Junge stand höflich auf, um sie willkommen zu heißen. Dabei drehte er sich nach hinten und warf die Bibel mit einer fast nachlässigen Geste auf die Sofakissen.

Daraufhin begannen die Besucher zu weinen.

Pastor Hogan konnte sich diese Reaktion nicht erklären. Besorgt fragte er seine Gäste, was denn los sei. Sie antworteten mit einer Gegenfrage: „Wie kann man das Wort Gottes bloß so behandeln?"

Vielen Bewohnern der westlichen Welt erscheint die emotionsgeladene Ehrfurcht dieser Männer für ein Buch, auch ein so besonderes, zu dramatisch. Aber wenn man die Bibel als Ausdruck der Ehrfurcht gebietenden Größe Gottes ansieht, empfindet man unweigerlich die Erhabenheit, die von diesem Buch ausgeht. Die Bibel ist nicht bloß ein geschichtliches Dokument. Natürlich ist sie eine Niederschrift über das Handeln Gottes an der Menschheit und die Offenbarung seines Wesens sowie seines Willens. Und sie ist das meist verkaufte Buch aller Zeiten. Aber die Bibel ist noch viel mehr als das alles.

„Denn das Wort Gottes ist lebendig und wirksam und schärfer als jedes zweischneidige Schwert und durchdringend bis zur Scheidung von Seele und Geist, sowohl der Gelenke als auch des Markes, und ein Richter der Gedanken und Gesinnungen des Herzens" (Hebr 4,12).

Das Buch oder *ein* Buch?

Im Verlauf der Menschheitsgeschichte sind Millionen Menschen getötet worden, weil sie sich weigerten, die unfehlbare Wahrheit auf jeder einzelnen Seite der Bibel zu leugnen. Auch heute werden in Ländern, in denen Unterdrückung herrscht, Christen wegen ihres Glaubens verfolgt. Viele von ihnen wählen lieber den Tod als die Abkehr vom Wort Gottes. Die Besucher aus Nordkorea sind nicht allein mit ihrer Haltung zur Bibel. In Ägypten und Pakistan, im Iran und in Kambodscha betrachten Christen die Bibel als das Wort des lebendigen Gottes, und sie behandeln dieses Buch mit großer Ehrfurcht. Sie erkennen seine Autorität an, denn für sie kommt diese Autorität direkt von Gott. Sie wissen, dass Gott auch heute durch sein Wort zu uns spricht, und dass dieses Wort sein geschriebenes Wort ist.

Diese Sichtweise ist uns größtenteils abhanden gekommen. Hier in der westlichen Welt können wir Gotteshäuser bauen und Menschen zu Gott führen, indem wir uns moderne Methoden, Techniken, unser Wissen und die neuesten technischen Errungenschaften zunutze machen, aber wir sind bei weitem nicht so ehrfürchtig Gott gegenüber wie jene Menschen, die das alles nicht haben, die einzig und allein sein heiliges Wort ehren.

In Ländern der Dritten Welt haben nur wenige Pastoren eine formale Ausbildung genossen, und sie haben nur wenige Hilfsmittel zur Verfügung. Die meisten haben nur ein Buch bei sich. Aber dieses Buch ist eine Bibel, häufig mit vielen hundert handgeschriebenen Randnotizen versehen, mit Gedanken aus Vorträgen, die sie im Laufe ihres Dienstes gehalten oder gehört haben. Sie behandeln das Wort Gottes mit höchstem Respekt, und sie trennen sich nur ungern davon. Es ist deshalb nichts Außergewöhnliches, wenn ein Pastor seine Bibel in einer kleinen Schachtel aufbewahrt, nachdem die Buchdeckel zu abgenutzt sind, um den darin enthaltenen Schatz zu schützen. Diese große Sorgfalt gegenüber einem einzigen Buch gibt es in der westlichen Welt kaum noch. Unsere gut ausgestatteten Bibliotheken sind nicht nur prall gefüllt mit Büchern aller Art, sondern auch mit Bibeln in verschiedenen Übersetzungen, mit Auslegungen, Anmerkungen, unterschiedlichen Einbänden und Druckvarianten. Wir haben Studienbibeln, Bibeln mit Querverweisen oder Parallelstellen, Jesus-Bibeln und Bibeln für den Alltag. Wir haben Bibeln für Männer, für Frauen, für Teenager und für Kinder, für Soldaten, für Motorradfahrer, für Großeltern und für Patrioten.

Nach guter westlicher Art steht bei so manchen dieser Sonderausgaben der Name eines Pastors oder Theologen auf dem Buchdeckel, manchmal in größeren Buchstaben als das Wort *Bibel*, weil sich Bücher mit bekannten „Markennamen“ besser verkaufen. In den vier Jahrhunderten seit dem ersten Erscheinen der King James Bibel haben diese Namen über dem Titel eine ganze Reihe durchlaufen, von Thompson über Scofield, Harper und Holman bis hin zu einer langen Liste der populären Bibellehrer und Verkündiger von heute. Obwohl diese Werke häufig wertvolle Erkenntnisse aus Forschung und Wissenschaft sowie Studienhilfen beinhalten, erwecken sie doch den Anschein, als ob die Bibel zu einer Leinwand geworden ist für einen Film, in dem man einen bekannten Pastor oder Theologen in der Hauptrolle und Gott selbst in der Nebenrolle sehen kann.

Deshalb überrascht es nicht, dass das Risiko besteht, die Bibel zumindest in der westlichen Welt nur noch als *ein* Buch zu betrachten und nicht mehr als *das* Buch.

Ehrfurcht vor dem Buch des Vaters

Bruder Andrew, der dynamische Gründer von Open Doors, bezeichnet die Bibel immer als „das Buch des Vaters". Jedes Mal, wenn er mit jemandem spricht, vor allem in der islamischen Welt, wo er heute die meiste Zeit seines Dienstes verbringt, verwendet er diesen Begriff. Seine Begründung dafür ist nachvollziehbar, denn wenn man Gott als Vater und nicht als Richter begegnet, dann wird eine Beziehung zum Allmächtigen vorausgesetzt, die für Menschen in der muslimischen Welt unverständlich ist. Die durch die Verwendung dieses Begriffs geweckte Neugier führt häufig zu einem offenen, ehrlichen Dialog.

Wegen ihres Respekts gegenüber dem Koran, ihrem eigenen heiligen Buch, verstehen Muslime, was Ehrfurcht vor einem Buch bedeutet. Im Jahr 2009 besuchte Bruder Andrew im Nahen Osten eine radikale Madrassa (eine islamische Akademie), um die gute Nachricht von Jesus Christus zu verkündigen. Er hob seine Bibel hoch und sagte zu den dort versammelten Studenten: „Ich zeige euch das Buch des Vaters. In diesem Buch steht, wie Jesus für euch gestorben ist." Am Ende seines Vortrags überreichte Bruder Andrew dem Imam, der die Akademie leitete, eine Sonderausgabe des Neuen Testaments. Der Imam nahm das Wort Gottes respektvoll entgegen und küsste ehrfürchtig den Umschlag, bevor er das Buch sorgfältig auf einen Ständer platzierte, wie er es auch mit dem Koran getan hätte.

Bei vielen Christen in Amerika ist ein derartiger Respekt vor dem Wort Gottes nur noch selten anzutreffen. Obwohl Durchschnitts-Christen vielleicht bis zu einem halben Dutzend Bibeln bei sich zu Hause haben, tragen sie selten ein Exemplar mit sich herum, und sie lesen auch nicht regelmäßig in der Bibel. Wir sind zwar umgeben vom Wort Gottes, aber das bedeutet nicht, dass es automatisch auch in unser Herz eindringt. Man kann einen Christen zwar zum Wort Gottes hinführen, aber man kann ihn nicht dazu bringen, es wie die tägliche Nahrung in sich aufzunehmen. Vielleicht begreifen wir nicht mehr, was es bedeutet, Gott und sein Wort zu verehren. A. W. Tozer hat diesen Missstand vor vierzig Jahren mit den folgenden Worten geschildert:

> Die Gemeinde Jesu hat ihre einst so erhabene Vorstellung von Gott aufgegeben und sie gegen eine Sichtweise eingetauscht, die so niedrig, so unwürdig, ist, dass es nicht wert ist, darüber einen Gedanken zu verschwenden, weil Menschen und nicht Gott angebet werden. ... Unser fehlendes Empfinden für die Majestät Gottes bringt einen weiteren Verlust von ehrfürchtiger Scheu und dem Bewusstsein der Gegenwart Gottes mit sich. ... Dieser Verlust ist zu dem Zeitpunkt eingetreten, als die Kräfte des Glaubens auf dem Vormarsch waren und die christlichen Gemeinden ein größeres Wachstum erlebt haben als jemals zuvor in den letzten Jahrhunderten. Aber erschreckend ist, dass unsere Gewinne sich meistens auf das Äußere beschränken, unsere Verluste jedoch fast ausschließlich auf das Innere; und weil die *Qualität*

> unseres Glaubens von inneren Faktoren beeinflusst wird, sind unsere vermeintlichen Gewinne wohl eher Verluste, über ein weites Feld hinweg.[1]

Heute haben wir die Wahl zwischen mehr als dreißig englischen Bibelübersetzungen. In der Englisch sprechenden Welt war die King James Bibel drei Jahrhunderte lang die einzige verfügbare Übersetzung. Obwohl es nie einen Mangel an Meinungen von Gelehrten über die Bibel gab, herrscht allgemein Einigkeit darüber, dass die King James Bibel keine fehlerfreie Übersetzung ist. Sie enthält Abschnitte, die sich in keiner biblischen Handschrift finden. Das Buch der Offenbarung musste aus dem Lateinischen ins Griechische und dann ins Englische übersetzt werden. Aber hat Gott sich der King James Bibel bedient, um zu seinen Kindern zu sprechen, und das von Generation zu Generation? Natürlich. Er benutzte auch eine Eselin, um den sich sträubenden Propheten Bileam mit seiner Botschaft zu erreichen. Bei Gott geht es nicht um den Übermittler, sondern um den Inhalt einer Botschaft.

Das Wort Gottes gibt Klarheit

Gott will uns immer aus der Verwirrung in die Klarheit führen und aus dem Schatten in das Licht, um unser Leben zu erhellen, und er hat beschlossen, dieses Ziel durch sein geschriebenes Wort zu erreichen. In seinem bereits zum Klassiker gewordenen Buch erklärt der Autor J. I. Packer diesen Sachverhalt.

> Er hat uns geschaffen, damit er und wir für immer unseren Weg gemeinsam gehen, in einer Liebesbeziehung. Aber eine solche Beziehung hat nur dann Bestand, wenn die Beteiligten

> etwas voneinander wissen. Gott als unser Schöpfer weiß alles über uns, bevor wir auch nur ein Wort sagen (Ps 139,1-4), aber wir können über ihn nichts wissen, es sei denn, er teilt es uns mit. Hier haben wir einen weiteren Grund, warum Gott zu uns spricht. Er will uns nicht nur dazu bewegen, seinen Willen zu tun, sondern er will uns auch ermöglichen, ihn zu kennen, damit wir ihn lieben können. Deshalb sendet uns Gott sein Wort als Information und Einladung gleichermaßen. Es ist für uns sowohl eine Liebeswerbung als auch eine Weisung. Es vermittelt uns nicht nur Wissen über das Handeln Gottes, sondern es ruft uns auch in eine enge, persönliche Gemeinschaft mit dem Herrn selbst.[2]

Im ersten Jahrhundert hat das Wort Gottes die Urgemeinde aus der Finsternis in das gleißend helle Licht der Beziehung zu Gott geführt. Heute machen Menschen, die zum Glauben an Jesus Christus finden, die gleiche Erfahrung, selbst in Regionen, in denen die schlimmste Verfolgung herrscht. Diese Menschen kommen aus dem Hinduismus, dem Buddhismus und dem Islam. Deshalb wissen sie, was Finsternis bedeutet. Durch das Zeugnis von Christen im Untergrund und durch das Wirken seines Geistes begegnet Gott diesen Leuten dort, wo sie sind. Auch ohne Unterweisung oder Ausbildung spüren sie, dass dieser Gott, der einzig wahre Gott, der Gott Abrahams, Isaaks und Jakobs, ihnen das Licht bringen kann. Wenn sie schließlich die Bibel in der Hand halten und sie zum ersten Mal selbst lesen können, sind die darin enthaltenen Worte für sie die unstrittige Wahrheit. Weil diese neuen Gläubigen das Zeugnis von Christen hören, die unter Einsatz ihres Lebens von ihrem Glauben erzählen, steht das Gelesene im Einklang mit dem, was sie von Gott und seinem heiligen Wort wissen. Sobald sie das geschriebene, über viele Generationen von glaubenden Menschen weitergegebene Wort Gottes besitzen, wird es für sie in gewisser Weise zu einem Filter, den alle ihre vorherigen Erfahrungen durchlaufen müssen. In einem Land, in dem geistliche Finsternis herrscht, dessen Bewohner alle möglichen Arten von Visionen haben, müssen diese Christen klar unterscheiden, was göttlichen Ursprungs ist und was nicht, und so wird die Bibel für sie zu einem sich selbst bestätigenden Zeugnis.

Modernes Denken und das Wort Gottes als Maßstab

Aber diese Wirkung des Wortes Gottes wird heute in der westlichen Welt häufig nicht bemerkt. Denn anstatt seine Kraft zu erkennen, nähern wir uns ihm mit unserem analytischen Denken, jener kritischen und zynischen Geisteshaltung, die Dinge lieber auseinander nimmt und versucht, sie ihn ihre einfachsten Bestandteile zu zerlegen. Wir finden nicht so leicht Gefallen am Heiligen, und in unserer Kultur fehlt das Vertrauen gegenüber allem, das über unseren postmodernen Werten steht. Der moderne Mensch neigt dazu, alles zu unterminieren, alles genauestens zu untersuchen. Aber auch wenn die Kritiker unter uns nach Kräften bemüht sind, eine Sache zu zerpflücken, beharren sie dennoch darauf, sie um etwas Gleichwertiges zu ergänzen, um sie zu verbessern, und dieses Etwas nennen sie „Relevanz“.

Wenn die Bibel das Wort des ewigen Gottes ist,

… dann ist sie auch von ewiger Gültigkeit.

Aber wenn die Bibel das Wort des ewigen Gottes ist, wie es sowohl Gott als auch Jesus bezeugen, dann ist sie auch von ewiger Gültigkeit. Wir in der Gemeinde Jesu sollten es stattdessen so vermitteln, dass es für die Menschen in unserer Kultur verständlich ist. Das ist ein bewusst gewählter Prozess, der sich um Welten unterscheidet von dem Versuch, die göttliche Botschaft an unsere Kultur anzupassen. Wenn man mit dem Wort anders verfährt, ist das der Gipfel der Respektlosigkeit. J. I. Packer drückt es so aus:

> Der Anspruch des Wortes Gottes an uns ist absolut. Wir sollen das Wort aufnehmen, ihm vertrauen und gehorchen, weil es das Wort Gottes, unseres Königs, ist. Das Wesen der Respektlosigkeit besteht im stolzen Eigenwillen dieses „bösen Volkes", „das sich weigert, meine Worte zu hören" (Jer 13,10). Andererseits ist es ein Zeichen wahrer Demut und Ehrfurcht vor Gott, wenn ein Mensch „zittert vor meinem Wort" (Jes 66,2).[3]

Aber wenn wir uns dem Wort Gottes nähern, tun wir es häufig mit der gleichen Haltung, die wir vielleicht auch an den Tag legen, wenn es um den christlichen Glauben im Allgemeinen geht. Das bedeutet, dass wir die Bibel oft behandeln wie irgendein „Selbsthilfe-Buch", das wir durchblättern können, um ein paar Tipps, Tricks oder Geheimformeln zu finden, damit wir unsere Beziehungen innerhalb der Familie, Freundschaften oder das Berufsleben angenehmer gestalten können.

Aber die Bibel ist alles andere als ein Selbsthilfe-Buch. In Wirklichkeit ist sie ein vollkommen fremdartiges Buch. Sie spricht von einem Gott, der heilig und ganz anders ist als die Götter unserer Kultur und die Götter jeder anderen Kultur in der gesamten

Menschheitsgeschichte. Wir müssen uns ihr auf die gleiche Art nähern wie ein ehemaliger Muslim, als er kürzlich zum ersten Mal die Gelegenheit hatte, im heiligen Wort Gottes zu lesen. Er reagierte mit ungläubigem Staunen. „Ich kann nicht glauben, dass ich jetzt den Schlüssel für diese persönliche Erfahrung mit Gott in der Hand halte. Ich kann ihn hier drin finden, und hier drin wird er die Wahrheit reden."

Seine ganze Welt wurde auf den Kopf gestellt, wie es bei vielen ehemaligen Muslimen vor ihm der Fall war. Diese Menschen verlassen ihre Familien, wenn es sein muss, und viele von ihnen werden zu diesem Schritt gezwungen. Sie verlassen ihre Kultur, weil sie jetzt selbst zu Fremden geworden sind, denn sie haben sich entschlossen, dem Gott zu folgen, dessen Wort ihrer Kultur vollkommen fremd ist.

Aber wir Bewohner der westlichen Welt wollen diesen Weg nicht gehen. Wir wollen nicht immer die Wahrheit hören oder lesen. Wir wollen bloß, dass die Bibel uns hilft, innerhalb unserer Kultur zu besseren Menschen zu werden.

Nicht ein *besserer*, sondern ein *anderer* Mensch

Wir können nicht erwarten, dass das Wort Gottes jeden von uns zu einem „besseren" Menschen macht. Es hat jedoch die Kraft, jeden von uns zu einem vollkommen anderen Menschen zu machen, zu dem Menschen, wie Gott ihn ursprünglich gewollt hat, zu einem Menschen, der nach dem Bild Jesu Christi geschaffen ist.

Die Westminster-Synode vollendete 1647 den Kleinen Westminster Katechismus. Mit 107 Fragen, den dazugehörigen Antworten und biblischen Belegstellen sollte dieser Katechismus von christlichen Familien und Kirchengemeinden verwendet werden.

Die Fragen und Antworten sind kurz und prägnant, wie auch die knappe Behandlung von Frage 2 zeigt.

> Frage: *Welche Regel hat Gott uns gegeben, um uns darin zu leiten, ihn zu verherrlichen und uns an ihm zu erfreuen?*
>
> Antwort: Das Wort Gottes, das aus den Schriften des Alten und Neuen Testaments besteht, ist die einzige Regel, die uns darin leitet, wie wir ihn verherrlichen und uns an ihm erfreuen können.

Den geistlichen Leitern und Bibellehrern der verfolgten Gemeinde Jesu ist dieser Unterschied durchaus bewusst. Für sie ist die Bibel ein lebendiges, aktives und kraftvolles Wort (vgl. Hebr 4,12). Sie wissen, dass wir hauptsächlich mithilfe dieses Buchs die Stimme Gottes auch heute noch hören und es nicht vergleichbar ist mit anderen literarischen Werken. Aber wir Bewohner des westlichen Kulturkreises haben einen anderen Zugang zur Bibel. Es ist eher unwahrscheinlich, dass heutige Pastoren sich ängstlich hinter der Kanzel ducken müssen, wenn sie etwas Falsches über Gott behaupten. Aber machen wir uns überhaupt noch Sorgen, ob wir bei unserem Bibelstudium zu nachlässig geworden sind? Widmen wir uns dem Wort Gottes mit dem ihm angemessenen Eifer – und auch einer Haltung der Demut –, um bereit zu sein für die Ehre und das Vorrecht, es den Gottesdienstbesuchern an jedem Wochenende zu verkündigen?

Anstatt dem Wort Gottes mit jener heiligen Scheu zu begegnen, die es verdient, behandeln manche Pastoren und Bibellehrer es wie eine Zutat für ihr Wochenend-Omelette. Und weil in modernen Gemeinden eine Vielfalt von Geschmacksrichtungen bedient werden muss, schütten sie weitere Zutaten in die Rührschüssel. Wenn die Leute das Omelett verspeist und genossen haben, freuen sich der Pastor und seine Mitarbeiter über eine weitere erfolgreiche Woche.

Verlangen nach Erfahrung, nicht nach Erkenntnis

Offenbar haben wir unseren gesunden Wissensdurst gegen ein Verlangen nach Erfahrung ausgetauscht. Beides sind erstrebenswerte Ziele und bewundernswerte Eigenschaften, aber wie im ganzen Leben sollte man auch in diesem Bereich ein Gleichgewicht anstreben. Thomas Boston, ein englischer Pastor aus dem 17. Jahrhundert, hat es so ausgedrückt: „Wissen ist eine notwendige Grundlage von Glauben und Heiligung; und wo Unwissenheit den Verstand beherrscht, kommt es im Herzen und im Leben zu Verwirrung."

Jahrelang galt diese Maxime auf den Kanzeln in ganz Amerika. Obwohl Wissen und Erkenntnis im Laufe der Jahrhunderte die Verkündigung in ganz Amerika geprägt haben, verdrängen seit Neuestem Erfahrung und persönliches Wohlbefinden diese Werte. Vor fünfunddreißig Jahren gehörte das Werk *Knowing God* („Gott kennen"; Anm. d. Übers.) von J. I. Packer zu den meist verkauften Büchern in den USA. Ein paar Jahrzehnte später stand das Buch *Experiencing God* (in deutscher Sprache erschienen unter dem Titel *Gott erfahren: Den Willen Gottes erkennen und tun*, Gießen, 2005; Anm. d. Übers.) von Henry T. Blackaby auf den Bestseller-Listen. Beide Werke sind hervorragend und nach wie vor aktuell, aber der zweite Titel von Blackaby offenbart uns den heutigen Trend, bei dem der Schwerpunkt auf Gefühle und persönliche Erfahrung gelegt wird. Das ist einmal mehr ein Beispiel dafür, wie Christen in der westlichen Welt im Zeitraum von fünfundzwanzig Jahren ihren Schwerpunkt von der Erkenntnis auf die Erfahrung verschoben haben.

Wenn heute ein Pastor in Amerika eine große Gemeinde gründen will, wird er feststellen, dass neben den Kosten für das Gebäude die Ausgaben für die Beschallungsanlage im Gottesdienstraum am höchsten sind, weil in unserer von Erfahrung und Unterhaltung geprägten Kultur für die meisten Menschen die Musik eine wichtiges Bindeglied geworden ist. Eine weitere Schlüsselrolle spielt auch ein großer Bildschirm. Diese Reihenfolge der Prioritäten wird auch deutlich in der Art und Weise, wie das Wort Gottes im Gottesdienst verwendet wird. Die meisten unserer Predigten beginnen mit spannenden Geschichten über aktuelle Ereignisse. Der weitere Inhalt beschränkt sich häufig auf zeitgemäße Einmal-Botschaften. Es gibt kaum noch Predigtreihen, weil viele Gemeindemitglieder nicht mehr jede Woche den Gottesdienst besuchen. Und weil die Predigten oft Bezug auf aktuelle Ereignisse nehmen, reißt ein Pastor Bibeltexte eventuell bloß an und zieht sie aus ihrem Zusammenhang, um seine zeitgemäße Botschaft zu untermauern.

Biblische Texte in den Mittelpunkt rücken

Diese Art des Umgangs mit einem Bibeltext ist in geringer Dosierung akzeptabel, denn manchmal kann man nur auf diese Weise eine Botschaft mit einem wichtigen parallelen Gedanken unterstreichen. Aber wenn so etwas über einen längeren Zeitraum häufiger geschieht, beginnen die Zuhörer, die Bibel als eine Art Nachschlagewerk für den Glauben oder als „Gottes großes Regel-Buch" zu betrachten. Dieses falsche Verständnis führt dann zu Fragen wie: „Wo sagt die Bibel, dass wir dieses oder jenes tun müssen?" oder: „Wo steht in der Bibel, dass das nicht erlaubt ist?" Ironischerweise ergeben sich solche Fragestellungen nur selten aus Diskussionen über theologische Themen. Stattdessen kommen sie am häufigsten vor, wenn jemand in einem Streitgespräch über ein gesellschaftliches oder politisches Problem die Oberhand gewinnen möchte, mit einem Argument, das „frommer“ klingt.

Solche oder ähnliche Fragen bringen Menschen dazu, in der Bibel einen der berühmtesten nichtbiblischen Verse zu suchen, nämlich das geflügelte Wort: „Hilf dir selbst, dann hilft dir Gott“.

Dieser Verlust der zentralen Bedeutung von Gottes Wort in Wochenend-Predigten ist ein großes Problem, denn Satan hat eine Angriffsfläche in einer Gemeinde, wenn sich dort eine Sprache durchsetzt, die derart verwässert ist mit Beispielen aus unserem kulturellen Umfeld, dass sich unsere Verkündigung nicht mehr vom allgemeinen Sprachgebrauch unterscheidet. Das bedeutet nicht, dass Pastoren in ihren Predigten keine Geschichten, anschauliche Beispiel oder visuelle Hilfsmittel verwenden sollten. Im Gegenteil: Pastoren sollten alle ihnen zur Verfügung stehenden Mittel anwenden, damit sie ihre Gemeinden zu einem besseren Verständnis des Wortes Gottes hinführen können. Wir brauchen nicht noch mehr Pastoren mit speziellen Sprachcodes, die man erst entschlüsseln muss, damit man versteht, was sie sagen wollen. Jede Botschaft sollte ihren Ursprung im Wort Gottes haben und von dort nach außen fließen, nicht umgekehrt. Obwohl sie sich um eine leicht verständliche Verkündigung bemühen sollten, müssen sie darauf achten, ihre Botschaft nicht zu verflachen, was etwas ganz anderes ist.

> Obwohl Gott von uns einen *kindlichen* Glauben fordert, gefällt es ihm nicht, wenn wir eine *kindische* Überzeugungen haben. Der Eintritt in die Gemeinschaft mit Gott erfordert von uns eine einfache Reaktion auf seine Barmherzigkeit und Liebe. Aber wenn wir seine Wahrheit verstehen und ein Leben lang

> für ihn Frucht bringen wollen, ist äußerste Disziplin erforderlich – viel harte Arbeit. Für das Studium der göttlichen Wahrheiten müssen wir unseren ganzen Verstand einsetzen.[4]

Pastoren in der weltweiten verfolgten Gemeinde Jesu stellen häufig offene Fragen wie: „Welche Gesamtbotschaft enthält die Bibel?", oder: „Was hat Gott sich dabei gedacht, als er uns die Bibel über einen Zeitraum von 1.600 Jahren hinweg geschenkt hat?" Sie setzen ihr Vertrauen auf die Bibel, und deshalb arbeiten sie hart, um sie in ihrem Zusammenhang zu verstehen. Sie wollen tiefer und weiter in das Wort Gottes eindringen. Wenn sie das Markusevangelium lesen, wollen sie sich mit Markus auf den Weg durch sein Buch machen. Sie wollen ihn kennenlernen. Sie sind der Meinung, dass sie seine Worte nicht verkündigen können, ohne etwas über den Mann selbst zu wissen. Und das Gleiche gilt auch in Bezug auf Jesus.

Sie wollen sich mit Jesus auf den Weg machen.

In mancher Hinsicht hat die verfolgte Gemeinde Jesu ein viel stärkeres Empfinden für das Leben, das im Wort Gottes steckt. Wie viele Pastoren in der westlichen Welt fühlen sich denn noch hilflos und unfähig, eine biblische Wahrheit zu verkündigen, wenn sie ihre Predigt vorbereiten? Wie viele haben denn noch Angst, sie könnten einen Bibeltext nicht gründlich auslegen? Manche von ihnen wählen nicht nur den bequemen Weg, wenn es um ihre Verpflichtungen geht, sondern sie sind auch gefährlich nahe daran, Irrlehren zu verkündigen.

Bei uns in Amerika liegt die Ursache dieses Problems darin, dass wir dem Evangelium nicht immer vertrauen; auch vertrauen wir nicht der Wirkung einer Predigt oder des Gebets. In letzter Konsequenz trauen wir Gott nicht zu, dass er zu seinem Wort steht. Aber

Gott ist souverän, wenn es um die Rettung von Seelen geht, und er tut dieses Werk durch das Evangelium. Der Apostel Paulus hat das in seinem Brief an die Römer klar und deutlich ausgedrückt. „Denn ich bekenne mich offen und ohne Scham zu dieser Botschaft: Sie ist ja Gottes Kraft und rettet jeden, der ihr glaubt“ (Röm 1,16; NeÜ).

Obwohl es im Evangelium Dinge gibt, die wir nicht verstehen oder die uns manchmal unbequem erscheinen, sollte das nicht dazu führen, dass wir das Wirken Gottes anzweifeln oder dem Evangelium dessen Leben verändernde Kraft absprechen. Wir sollten uns auch durch solche Fragen und Probleme nicht davon abhalten lassen, das Evangelium zu verkündigen. Die verfolgte Gemeinde Jesu hat keine andere Wahl als Gott zu vertrauen, und das tut sie auch. Diese Christen haben keine moderne Technik, keine großen Gotteshäuser und auch nicht die bestmögliche Musik. Sie haben das Wort Gottes und nichts anderes. Deshalb haben sie gelernt, Gott zu vertrauen – und ihren Geschwistern. Dieses Vertrauen sollte überall vorhanden sein, wo das Wort Gottes verbreitet wird. Und so wird das Evangelium verkündigt, auch unter Verfolgung.

Die verfolgte Gemeinde Jesu hat keine andere Wahl als Gott zu vertrauen, und das tut sie auch.

Bruder Andrew hat einmal gesagt: „Wenn eine Botschaft nicht überall verkündigt werden kann, sollte sie nirgends verkündigt werden.“ Deshalb sollten wir besonders achtsam sein bei eventuell oberflächlichen Bibelauslegungen, die die beschränkte Sicht unseres eigenen Kulturkreises widerspiegeln. Manche Bibeltexte erfordern die Einbeziehung der einen oder anderen Gruppe, um den eigentlichen Sinn eines Abschnitts besser zu verstehen. So beendet

Jesus zum Beispiel die Seligpreisungen der Bergpredigt mit diesen herausfordernden und gleichzeitig inspirierenden Worten:

> Glückselig die um Gerechtigkeit willen Verfolgten, denn ihrer ist das Reich der Himmel. Glückselig seid ihr, wenn sie euch schmähen und verfolgen und alles Böse lügnerisch gegen euch reden werden um meinetwillen. Freut euch und jubelt, denn euer Lohn ist groß in den Himmeln; denn ebenso haben sie die Propheten verfolgt, die vor euch waren (Mt 5,10-12).

Menschen aus der verfolgten Gemeinde Jesu haben einen viel stärkeren Bezug zu diesem Text. Christen, die schreckliche Regime wie das von Pol Pot, Saddam Hussein oder Kim Il Sung überlebt haben, erzählen eine Geschichte nach der anderen, wie die Gnade Gottes mitten in zermürbenden Prüfungen den Sieg davongetragen hat.

Unsere persönliche Perspektive des Evangeliums

Aber wir bringen bei unserem Umgang mit dem Evangelium auch unsere persönliche Erfahrung mit. Die Versuchungen und Herausforderungen, die wir erleben, kommen nur selten in Form von Verfolgung auf uns zu, aber trotzdem sind es Versuchungen und Herausforderungen. Wir können uns wohl kaum aussuchen, welche Prüfungen uns Gott auferlegt, aber wir können uns entscheiden, wie wir darauf reagieren. Wir müssen dort wachsen, wo uns Gott hingestellt hat.

Der Apostel Paulus schreibt:

> Keine Versuchung hat euch ergriffen als nur eine menschliche; Gott aber ist treu, der nicht zulassen wird, dass ihr über euer Vermögen versucht werdet, sondern mit der Versuchung auch den Ausgang schaffen wird, so dass ihr sie ertragen könnt (1Kor 10,13).

Bei Petrus findet sich ebenfalls dieser Gedanke des gemeinsamen Erlebens und Ertragens, und er fordert uns zu ständiger Wachsamkeit auf:

> Seid nüchtern und wachsam! Euer Todfeind, der Teufel, streicht wie ein brüllender Löwe herum und sucht nach einem Opfer, das er verschlingen kann. Dem müsst ihr im Glauben widerstehen! Dabei sollt ihr wissen, dass eure Geschwister in der ganzen Welt die gleichen Leiden durchmachen. (1Petr 5,8-9; NeÜ).

Es ist tröstlich zu wissen, dass wir in unseren Prüfungen nicht allein sind und Gott sich um uns kümmert, wenn wir in schwierige Situationen geraten. Aber wenn wir diese Prüfungen nicht bloß überleben, sondern wachsen und gedeihen wollen, wo Gott uns hingestellt hat, müssen wir ein umfassendes Verständnis haben über unser Umfeld, unsere Möglichkeiten und Grenzen. Aus den Zeugnissen der verfolgten Gemeinde Jesu lernen wir, dass die Grenzen unseres Wachstums im Glauben wenig zu tun haben mit unserem Umfeld oder unseren Möglichkeiten, sondern entscheidend ist unsere Herzenshaltung.

Der Sämann und die Samenkörner – zwei Sichtweisen

Im Gleichnis vom Sämann und den Samen verwendet Jesus die unterschiedliche Bodenbeschaffenheit und die Samenkörner als Bilder für vier verschiedene Herzenshaltungen und Reaktionen auf das Wort Gottes.

> Hört! Siehe, der Sämann ging hinaus, um zu säen. Und es geschah, indem er säte, fiel das eine an den Weg, und die Vögel kamen und fraßen es auf. Und anderes fiel auf das Steinige, wo es nicht viel Erde hatte; und es ging sogleich auf, weil es nicht tiefe Erde hatte. Und als die Sonne aufging, wurde es verbrannt, und weil es keine Wurzel hatte, verdorrte es. Und anderes fiel unter die Dornen; und die Dornen sprossten auf und erstickten es, und es gab keine Frucht. Und anderes fiel in die gute Erde und gab Frucht, indem es aufsprosste und wuchs; und es trug eines dreißig-, eines sechzig- und eines hundertfach (Mk 4,3-8).

Weil es sich um ein bekanntes Gleichnis handelt, wollen wir ein bisschen tiefer unter die Oberfläche gehen als sonst. Erstens sind die Hauptfiguren in diesem Drama deutlich zu erkennen, so wie Warren Wiersbe es prägnant ausgedrückt hat: „Der Samen stellt das Wort Gottes dar, und der Sämann ist der Diener Gottes, der dieses Wort an andere weitergibt.“[5]

Das Gleichnis ist für alle Christen von Interesse, sowohl für uns in der westlichen Welt als auch für Christen in der weltweiten verfolgten Gemeinde Jesu, denn jeder kann in diesem Drama zwei Rollen übernehmen. An einem bestimmten Punkt in unserem Leben wurden die Samenkörner in unser Herz gestreut, aber wir sind als Christen gleichzeitig dazu aufgefordert, das Wort Gottes auch bei anderen Menschen zu „säen“.

Wenn wir das Gleichnis hören, sehen wir uns am häufigsten in der Rolle des Sämanns, denn unserer Meinung nach will Gott, dass wir sein Wort in unserem Leben ausstreuen sollen. Manchmal lässt Gott diesen Samen auf guten Boden fallen, und dann werden die Samenkörner ihren Ertrag bringen (wenn z. B. der Mensch, dem wir das Wort Gottes weitergegeben haben, zum Glauben an Jesus Christus findet). Deshalb will Gott, dass wir den Samen immer wieder ausstreuen.

Es ist keineswegs falsch, sich mit dem Sämann zu identifizieren. Schließlich sollen wir die gute Botschaft Gottes an andere Menschen weitergeben. Aber unsere Neigung, uns selbst als die Hauptfigur dieser Geschichte zu sehen, zeigt nur, wie sehr unsere westliche Macher-Mentalität unser Denken prägt.

Christen in der weltweiten verfolgten Gemeinde dagegen denken eher darüber nach, wie sie den Herausforderungen der unterschiedlichen Bodenbeschaffenheit begegnen, und bei den vier im Gleichnis geschilderten Sorten konzentrieren sie sich auf die beiden Extreme.

Wenn verfolgte Christen, vor allem im Nahen Osten und in Teilen Asiens, die Saat des göttlichen Wortes ausstreuen, treffen sie oft auf harten Boden. Bis zu 90 Prozent der Menschen, denen sie das Evangelium verkündigen, lehnen es aus kulturellen und auch aus gesellschaftlichen Gründen ab. In vielen Kulturkreisen ist diese Botschaft unpopulär, weil sie verbunden ist mit dem Verlust von Familie und Freunden, mit dem Wechsel von einer privilegierten Stellung zu Abneigung und Benachteiligung.

Aber dort, wo der Boden gut ist, bringt er einen außergewöhnlich guten Ertrag hervor. Die göttliche Ernte beträgt in bestimmten

Kulturkreisen, in denen Verfolgung herrscht, oft das Dreißig-, Sechzig- oder sogar das Hundertfache. In manchen Ländern ist das Wachstum der verfolgten Gemeinde Jesu phänomenal, trotz aller Gegenmaßnahmen von staatlichen Stellen oder der mehrheitlich vertretenen Religion. In den letzten Jahren hat Gott eine übernatürlich große Ernte geschenkt, z. B. in Ländern wie China und Indien. Dort ist die Gemeinde Jesu außergewöhnlich stark gewachsen, und nur weil die Menschen das Wort Gottes gehört und gleichzeitig voller Vertrauen aufgenommen haben.

Vom Umgang mit Flachwurzeln und Dornengestrüpp

Die Gemeinde Jesu in der westlichen Welt wird überwiegend mit den anderen beiden Bodenbeschaffenheiten konfrontiert, nämlich der flachen oder steinigen Erde ohne Wurzeln und der zugewachsenen Erde, bei der die Dornen jedes Wachstum ersticken. Wenn wir ehrlich sind, müssen wir zugeben, dass wir mit unserem Glauben zu einer gewissen Oberflächlichkeit neigen. Wir hören das Wort, und oft nehmen wir es „sogleich mit Freuden" auf (vgl. Mk 4,16). Solange wir vom christlichen Glauben begeistert sind, ist er für uns eine fantastische Erfahrung. Aber sobald unser Glaubensleben zur Routine wird oder wir Nein sagen müssen zu unserem eigenen Ich, zu unserer Gier oder unserem Stolz, wenn wir uns der Realität unserer Sünde stellen müssen, dann reißen wir unsere flachen Wurzeln aus dem Boden und ziehen weiter, dorthin, wo wir uns besser fühlen.

Oberflächlichkeit ist auch der Kern von zwei ernsthaften Problemen bei uns in der westlichen Welt. Manche Gemeindeleiter oder Diakone, und erst recht die Mitglieder und Gottesdienstbesucher in amerikanischen Gemeinden, sind nicht in der Lage, biblische Lehren wie zum Beispiel die göttliche und menschliche Natur Christi zu erklären oder zu begründen, warum die Bibel das Wort Gottes ist und nicht das Buch Mormon, oder warum wir das Alte Testament und den Zusammenklang zwischen Altem und Neuem Testament verstehen sollten.

Ähnlich verhält es sich mit dem Wachstum christlicher Gemeinden. Wenn es auf flachem, steinigem Boden stattfindet, kann es für gewisse Zeit einen phänomenalen Ertrag hervorbringen. Aber schnelles Wachstum bringt nur selten gute Früchte. Wenn eine neue Gemeinde innerhalb eines Jahres explosionsartig auf eintausend Mitglieder bzw. Besucher anwächst, könnte es den Anschein haben, als ob der Boden tatsächlich fruchtbar ist. In der Gemeinde des ersten Jahrhunderts wurde erst mit der Zeit deutlich, dass das wirklich der Fall war. Bei einem exponentiellen Wachstum kann es sich jedoch auch um das Nebenprodukt einer attraktiven, charismatischen Führungsfigur in Kombination mit dem Reiz des Neuen handeln. Wie in der Gemeinde des ersten Jahrhunderts sind Nachhaltigkeit und Qualität die Prüfungskriterien für echte Tiefe.

In diesem Zusammenhang könnte man auch die berechtigte Frage stellen: „Bei wie vielen Gemeinden in der unmittelbaren Umgebung einer Mega-Gemeinde sind die Mitgliederzahlen durch den Wechsel zur Mega-Gemeinde von 350 auf 200 gesunken?" Gemeindewachstum sollte in der Regel ein Marathonlauf in einer angemessenen Geschwindigkeit sein und kein Sprint, bei dem das Letzte herausgeholt wird und man nach einem kurzen Leistungshoch völlig ausgepumpt ist.

Obwohl sich unsere Oberflächlichkeit sowohl in theologischen Fragestellungen als auch in unserer Glaubenspraxis zeigt, kann die weltweite verfolgte Gemeinde Jesu diese Problematik nicht in allen Punkten nachempfinden. Wenn man in einem Klima von enormem

Druck zum Glauben an Jesus Christus findet, zahlt man einen zu hohen Preis, um sich mit einem lauwarmen Glaubensleben zufrieden zu geben. Die Christen in der verfolgten Gemeinde Jesu haben mit anderen Problemen zu kämpfen, aber Oberflächlichkeit gehört nicht dazu, denn sie haben die Kosten für ein Leben mit Jesus Christus überschlagen und kennen dessen Preis nur zu gut.

Auf den Schlachtfeldern der täglichen Kämpfe und Enttäuschungen im Leben wehen unzählige weiße Flaggen des Rückzugs.

Die dritte Art von Boden, in dem der Samen schließlich von Unkraut und Dornengestrüpp erstickt und überwuchert wird, ist ebenfalls ein tragisches Merkmal der Gemeinde Jesu in der westlichen Welt. Viele von uns können diese Problematik gut nachempfinden. Trotz der vielen Erfolgsgeschichten ist Amerika auch ein Land der zahllosen Reuegefühle, ein Land, in dem das Motto auf der weißen Flagge des Rückzugs lauten könnte: „Schön wär's." Auf den Schlachtfeldern der täglichen Kämpfe und Enttäuschungen im Leben wehen unzählige weiße Flaggen des Rückzugs.

Leider gestehen sich viele von uns ein, dass wir unsere erste Liebe vergessen haben. Die Sorgen und Befürchtungen, wie wir die Ausbildung unserer Kinder oder die Hypotheken für unser Haus bezahlen sollen, Stress im Beruf und familiäre Probleme überwuchern unsere Beziehung zu Gott, die wir eigentlich vertiefen sollten. Wir wissen das genau, und doch sehen wir oft hilflos zu, wie uns der Feind die Freude raubt.

Auch die verfolgte Gemeinde Jesu kennt Reuegefühle, obwohl man dort etwas ganz anderes unter Unkraut und Dornengestrüpp versteht als in der westlichen Welt. Ein verfolgter Christ fühlt sich eventuell „erstickt" von der Versuchung, in Stresssituationen seinen Glauben zu verleugnen oder vorhandene Lebensmittel nicht gerecht mit anderen Mitgliedern der Gemeinde zu teilen. Das Leben dieser Christen ist nicht so kompliziert, wie wir es in unserem Kulturkreis kennen und ein Stück weit zugelassen haben. Deshalb haben sie nicht die gleichen Missstände und Befürchtungen wie wir, aber sie sind natürlich besorgt um die Gesundheit ihrer Kinder und anderer Angehöriger. Der Betrug des Reichtums, der für uns zu einem riesigen Stolperstein geworden ist, stellt bei ihnen nur selten eine Versuchung dar.

Wie man den Hitzetest besteht

Entscheidend für die zahlenmäßige Größe und die geistliche Gesundheit einer Gemeinde – und auch eines jeden einzelnen Christen ist die Verpflichtung, dem Wort Gottes treu zu bleiben, und zwar ohne Rücksicht auf die Folgen. In Zeiten der Prüfung und Verfolgung müssen wir uns dem „Hitzetest" unterziehen. Unser Wurzelsystem wird geprüft, um zu sehen, ob es den brennenden Sonnenstrahlen standhalten kann.

Wird der Samen des Wortes Gottes unter der heißen Sonne der Bedrängnis verbrennen? Wird er vertrocknen, weil ihm die Wurzeln fehlen? Oder wird er dem Druck und der Qual der Hitze standhalten, damit Gott ihn im Feuer läutern und zu reichem Wachstum und zur Blüte bringen kann?

Wenn ein Samenkorn in gute Erde gelegt wird, aufkeimt, tiefe Wurzeln schlägt, liebevoll von einem sorgfältigen Gärtner gepflegt, wird es nicht nur überleben, sondern auch wachsen und gedeihen. Unter den richtigen Bedingungen wird auch in der Hitze der Sonne eine wunderbare Ernte zustande kommen. Betrachten wir einmal die Gedanken des Apostels Jakobus über das Bestehen des Hitzetests:

> Haltet es für reine Freude, meine Geschwister, wenn ihr in verschiedener Weise auf die Probe gestellt werdet. Ihr wisst ja, dass ihr durch solche Bewährungsproben für euren Glauben Standhaftigkeit erlangt. Die Standhaftigkeit wiederum soll zu einem vollkommenen Werk führen: Ihr sollt in jeder Hinsicht zur Reife kommen, zu einer Vollkommenheit, der nichts mehr hinzuzufügen ist.
>
> Wenn jemand von euch die Einsicht fehlt, um richtige Entscheidungen treffen zu können, dann soll er Gott um diese Weisheit bitten. Er wird sie ihm ohne weiteres geben und ihm deshalb keine Vorwürfe machen, denn er gibt allen gern (Jak 1,2-5; NeÜ).

Die Treue zum Wort Gottes ohne Rücksicht auf die Folgen ist unter Christen in der weltweiten verfolgten Gemeinde Jesu weit verbreitet, und diese Haltung sollte auch uns Mut machen. In manchen Ländern mussten Christen das Wort Gottes in ihren Herzen und im Gedächtnis bewahren, weil es in einem anderen Format nicht zur Verfügung stand. Zum richtigen Zeitpunkt hilft Gott ihnen, diesen verborgenen Schatz zu heben.

Nachdem Wang Ming-Dao, der bekannteste Pastor in China, endlich aus der Haft entlassen wurde, sagte er: „In diesen letzten zwanzig Jahren hatte ich keine Bibel. Glücklicherweise verbrachte ich im Alter von zwanzig bis vierundzwanzig Jahren viel Zeit zu Hause. Ich erledigte die Hausarbeit und studierte die Bibel. In dieser Zeit lernte ich viele Abschnitte auswendig. Diese Texte kamen mir nach und nach wieder in den Sinn, und sie stärkten mich. Hätte ich diese Worte Gottes nicht im Herzen gehabt, hätte nicht nur ich eine Niederlage erlebt, sondern viele andere auch."[6]

Immer wieder ermuntern uns die Worte der Bibel, über das Wort Gottes nachzudenken, denn es ist das lebendige Zeugnis über einen heiligen Gott. Diese lebenswichtige Gewohnheit erfordert viel Disziplin, aber wie wir aus dem Bericht von Wang Ming-Dao erfahren, kann sie Bedrängnis in Sieg verwandeln, für uns und für andere.

Der Psalmist wusste das, und deshalb verfasste er das Portrait eines gläubigen Menschen, der den Hitzetest bestanden hat.

> Glücklich der Mann, der nicht folgt dem Rat der Gottlosen, den Weg der Sünder nicht betritt und nicht im Kreis der Spötter sitzt, sondern seine Lust hat am Gesetz des HERRN und über sein Gesetz sinnt Tag und Nacht! Er ist wie ein Baum, gepflanzt an Wasserbächen, der seine Frucht bringt zu seiner Zeit, und dessen Laub nicht verwelkt; alles was er tut, gelingt ihm (Ps 1,1-3).

Wenn wir das Wort Gottes mit Ehrfurcht behandeln, wenn wir bestätigen, dass die Bibel das lebendige, atmende Wort Gottes ist, dessen Autorität von Gott kommt, wenn wir uns an seinem Gesetz erfreuen und Tag und Nacht darüber nachsinnen, werden wir wie dieser gut genährte Baum sein, der an Wasserbächen gepflanzt ist. Dann werden wir den Hitzetest bestehen und wunderbare Frucht hervorbringen, im Namen und zur Ehre Gottes.

Gott ist Geist, und die ihn anbeten, müssen in Geist und Wahrheit anbeten.

Johannes 4,24

Betet für mich, dass ich die Hände Jesu nicht loslasse, selbst unter dem Vorwand, den Armen zu dienen.

Mutter Teresa

2
Die Anbetung Gottes und die Gemeinde Jesu

Es ist Sonntagmorgen in Ho-Chi-Minh-Stadt. Um 4.55 Uhr hat sich bereits eine große Menschenmenge versammelt – in einem abgeschieden gelegenen Haus mit Innenhof. Man kommt nur zu Fuß oder mit dem Motorroller dorthin durch ein Labyrinth aus schmalen Gassen in der Innenstadt. Es gibt nur diesen einen Termin vor Tagesanbruch, denn der Sonntag ist kein Ruhetag in der hektischen Betriebsamkeit der größten Stadt Nordvietnams.

Die Männer und Frauen, die sich in dem umfunktionierten Privathaus treffen, werden sich gegen sieben Uhr wieder in alle Himmelsrichtungen zerstreuen, um ihren Arbeitstag zu beginnen. Es handelt sich bei dieser Versammlung nicht um eine geheime politische Bewegung oder eine einmalige Werbeveranstaltung, sondern dieselben Leute treffen sich jede Woche am selben Ort.

Es ist ein Gottesdienst, und er beginnt pünktlich um fünf Uhr. Obwohl es nur Stehplätze gibt, bleiben alle Versammelten zwei Stunden hier, bis zum Schluss. Es werden auch ein paar Lieder gesungen, aber der Schwerpunkt lieg auf der Unterweisung und dem Lesen aus dem Wort Gottes. Fast anderthalb Stunden dauern Predigt und Ermahnung.

Als der Gastredner, ein Pastor aus einem westlichen Land, seinen Vortrag nach fünfundvierzig Minuten beendet, erhebt sich sein vietnamesischer Kollege.

„Da unser Freund hier seine Predigt vorzeitig beendet hat“,

erklärt er höflich und schlägt dabei seine Bibel auf, „werde ich abschließend noch ein paar Worte sagen.“

Eine halbe Weltreise von diesem Ort entfernt bemühen sich Gemeindeleiter um die Gestaltung und Durchführung von Gottesdiensten, die für die Menschen einladend sein sollen. Sie bauen bestimmte Elemente ein, um die Aufmerksamkeit der Besucher zu fesseln, wie große Chöre, Gastmusiker, kleine Orchester und dramatische oder humorvolle Anspiele. Trotz dieser Bemühungen und obwohl die Gottesdienste an jedem Wochenende zur gleichen Zeit stattfinden, haben viele christliche Gemeinden in Amerika nur kurzzeitig erscheinende oder ständig wechselnde Gottesdienstbesucher.

Im Gegensatz dazu kommen die Christen in Ho-Chi-Minh-Stadt zum Gottesdienst, weil sie sich nach Gemeinschaft sehnen. Für sie ist der Gottesdienstbesuch lebensnotwendig. Sie kommen nicht, weil sie sich wohl fühlen oder unterhalten werden wollen. Sie kommen, weil sie wissen, dass sie im Gottesdienst etwas viel Größeres erwartet, nämlich die Anbetung des allmächtigen Gottes. Sie lassen sich davon gefangen nehmen, sie lassen sich davon erfrischen und erneuern. Sie kommen, weil sie Gott nahe sein und Gemeinschaft mit Gleichgesinnten erleben wollen.

Gott allein gebührt die Ehre

In Amerika neigen wir zu der Auffassung, dass Anbetung in einem „heiligen“ Gebäude stattfindet, einmal wöchentlich etwa eine Stunde lang, meistens am Sonntagmorgen. Menschen suchen aus verschiedenen Gründen diese Erfahrung. Die einen besuchen einen Gottesdienst, um sich Kraft für die Woche zu holen. Andere wieder hoffen, sie könnten durch den regelmäßigen Gottesdienstbesuch bei Gott Punkte sammeln. Der Gedanke, dass man den Gottesdienst besucht, um Gemeinschaft mit Gott und Gleichgesinnten zu haben, geht häufig unter in der Menge der vermeintlichen Bedürfnisse. Vielleicht liegt es auch daran, dass wir vor dem falschen Publikum spielen.

Die Ehrengala im Kennedy Center ist in Washington D.C. zu einem der Höhepunkte im Kulturjahr geworden. Auf der Bühne des Opernhauses, dem Stammhaus des Nationalen Symphonieorchesters, werden bis zu fünf Preisträger aus allen Kunstrichtungen geehrt, indem begabte Künstler und Kollegen aus New York, Hollywood, Nashville und den Kunst- und Kulturhauptstädten aus der ganzen Welt jeden Preisträger persönlich feiern.

Obwohl die Ehrengala immer vor 2.300 Besuchern in einem ausgebuchten Haus (und vor Millionen Fernsehzuschauern) stattfindet, ist für die Künstler auf der Bühne die wichtigste Person im Publikum ein einziger Preisträger, der in der ersten Reihe auf einem Logenplatz sitzt. Während der Ehrengast hocherfreut zuschaut, führt der Künstler auf der Bühne ein Werk des Preisträgers auf, zum Beispiel ein Lied, einen Tanz, eine Lesung aus einem Drama, vorgetragen mit großer Passion und Leidenschaft, als Geschenk an den zu Ehrenden.

Diese Gala ist nur ein unzureichendes Bild von der Art, wie wir unsere Anbetung allein auf Gott ausrichten sollten. Dabei spielt es keine Rolle, wie viele Leute einen Gottesdienst besuchen. Wenn unsere Anbetung Gott gefällt, ist sie gelungen. Und wenn unsere Anbetung Gott erfreut, ihn, dem allein die Ehre gebührt, dann wird auch jedes andere Bedürfnis erfüllt, denn dann ebnen wir Gott einen Weg für sein Wirken an uns. Wir sollten deshalb Gott einen „Logenplatz" freihalten, damit er das Ziel unserer Anbetung bleibt.

Für Christen mit einem lebendigen Glauben

ist Anbetung ein Lebensstil … ein immerwährendes Opfer vor Gott.

Für Christen mit einem lebendigen Glauben ist Anbetung ein Lebensstil und nicht beschränkt auf einen bestimmten Tag, einen Zeitpunkt oder Ort. Sie beten Gott an, wenn sie zum Gottesdienst fahren oder gehen, genauso wie im Gottesdienst selbst. Sie beten Gott an, wenn sie auf dem Weg zum Arbeitsplatz sind und nicht bloß dann, wenn sie mit der Bibel unterm Arm eine christliche Gemeinde betreten. Ihr Leben ist ein immerwährendes Opfer vor Gott. Ihr Gebet lautet: „Ich bringe dir heute mein Leben dar, die Art, wie ich rede, die Art wie ich mein Leben gestalte. Das, was du mir schenkst, ist für mich das Beste, was ich bekommen kann. Deshalb will ich ein Leben zu deiner Ehre führen."

Ein solches Gebet ist ein gutes Beispiel und erfasst das Wesen einer unverfälschten, aufrichtigen Anbetung. Regelmäßige Zusammenkünfte von Kindern Gottes bilden nur einen kleinen Teil ihrer persönlichen Beziehung zu Gott. Anbetung in einer Gemeinde ist für eine Gruppe von Christen lediglich eine Gelegenheit, gemeinsam das zu tun, was sie die ganze Woche lang bereits praktizieren, nämlich Gott im Geist und in der Wahrheit anzubeten.

Anbetung, Einheit und Entscheidungen

Wenn wir die Anbetung Gottes bloß auf den Gottesdienst beschränken und an den anderen Wochentagen uns selbst überlassen bleiben, nehmen wir Jesus die Möglichkeit, durch uns und unsere Gemeinde in unserer unmittelbaren Umgebung zu wirken. Aber Gott will uns nicht zu Einzelkämpfern machen. Stattdessen sollten wir dem Beispiel der weltweiten verfolgten Gemeinde Jesu folgen und die Mauern niederreißen, unsere Kultur durchdringen und zielgerichtete Verbindungen in der realen Welt knüpfen. Wenn die verfolgte Gemeinde Jesu auch unter großem Widerstand dazu in der Lage ist, warum fällt es uns dann oft so schwer? Wir werden in unserem eigenen kulturellen Umfeld zu einer Größe mit Einfluss, wenn wir die Anbetung Gottes zu einem festen Bestandteil unseres Alltags machen, gemeinsam mit einer Gruppe von Gleichgesinnten, die geprägt ist von gegenseitiger Liebe und Unterstützung. Letztere ist unter der Woche oft entscheidend für uns, aber diese gegenseitige Unterstützung ist auch von grundlegender Bedeutung bei der gemeinsamen Anbetung. Der Apostel Paulus schreibt in Kolosser 3,16: „Unterrichtet einander in der Lehre Christi und zeigt einander den rechten Weg; tut es mit der ganzen Weisheit, die Gott euch gegeben hat. Singt Psalmen, Lobgesänge und von Gottes Geist eingegebene Lieder; singt sie dankbar und aus tiefstem Herzen zur Ehre Gottes“ (NGÜ). Die verfolgte Gemeinde Jesu weiß, dass Anbetung eine Lebensader ist, eine Verbindung zu anderen Menschen, die mit den gleichen Herausforderungen zu kämpfen haben. Und trotz aller Unterschiede sind wir dazu aufgefordert, um der Einheit willen in Liebe zusammenzufinden.

In Amerika wird uns diese Einheit oft künstlich auferlegt. Unser Alltag ist so stark in unterschiedliche Bereiche aufgeteilt, dass es durchaus möglich ist, neben einer bestimmten Gruppe von Menschen zu wohnen, mit einer anderen Gruppe zusammenzuarbeiten und mit einer dritten den Gottesdienst zu besuchen. Wir sollten unsere Bemühungen um ein besseres Miteinander verstärken, wenn unsere gemeinsame Anbetung in einer konsumorientierten

Gesellschaft eine Wirkung haben soll. Verantwortlich für das Misslingen eines Miteinanders ist das Übermaß an Wahlmöglichkeiten, zum einen außerhalb, zum anderen auch innerhalb der Gemeinde Jesu. Dadurch entsteht ein gewisses Dilemma. Amerika ist bekannt als das Land der Vielfalt. Manchmal kommt es uns so vor, als ob wir in allen Bereichen unseres Lebens eine Entscheidung treffen müssen, auch bei so banalen Fragen wie: Papier oder Plastik? Coca Cola oder Pepsi Cola? Ford oder Chevrolet? Normaler oder koffeinfreier Kaffee? Aber wenn es um die gemeinsame Anbetung Gottes geht, ist unsere Wahlfreiheit eingeschränkt, weil in den meisten christlichen Gemeinden nur etwa eine Stunde und fünfzehn Minuten für das gesamte Programm eines Gottesdienstes zur Verfügung stehen. Dieses Programm ist bis auf die Minute durchgeplant. An jedem Wochenende weiß der Pastor schon lange im Voraus, wie viel Zeit er für seine Predigt hat.

Etwas Entscheidendes kann verloren gehen, wenn die Anbetung Gottes vom Ablauf eines Programms bestimmt wird.

Es ist nicht verkehrt, ein bestimmtes Thema zu behandeln oder einen Gottesdienst vorzubereiten, aber etwas Entscheidendes kann verloren gehen, wenn die Anbetung Gottes vom Ablauf eines Programms bestimmt wird. Wie der Gastredner bei seiner Predigt in Ho-Chi-Minh-Stadt feststellen musste, kann der Faktor Zeit in der verfolgten Gemeinde Jesu eine relative Größe sein. Wenn er gefragt hätte, wie lange seine Predigt vor der Gruppe in der Hausgemeinde dauern sollte, hätte man diese Frage vielleicht gar nicht verstanden. In vielen Teilen der Welt dauert ein Gottesdienst einen ganzen

Tag lang. Die Gemeinde weiß, dass der Pastor mit seiner Predigt fertig ist, wenn er aufhört zu reden und sich hinsetzt. Aber Zeit ist nie ein Thema. Viele Christen haben einen Fußweg von mehr als einer Stunde hinter sich, um Gemeinschaft mit Gott und anderen Gläubigen zu haben. Deshalb kommen sie frühzeitig, wenn es ihnen überhaupt möglich ist.

In den Gottesdiensten gibt es nur sehr wenige feste Abläufe. Die Versammelten beten, singen und hören das Wort Gottes, das oft von mehreren Rednern verkündigt wird. Wenn sie Hunger haben, holen sie ihre Proviantbündel und beginnen zu essen. Normalerweise gibt es einen Hauptverantwortlichen für die biblische Unterweisung und eine Schriftlesung, aber ein Großteil der Beiträge kommt von der Gruppe selbst. Die Mitglieder der Gemeinde geben ihre Erfahrungen oder Einsichten an andere weiter. Der Gottesdienst ist auf Mitwirkung ausgerichtet.

Organisch gewachsene Anbetung

In der westlichen Welt ist eine Anbetung gepaart mit Unterweisung und aktiver Teilnahme der Gemeindemitglieder eher eine verlorene Kunst. Deshalb ist es nicht überraschend, dass unsere Gemeinden oft angefüllt sind mit Zuschauern. Eine authentische Anbetung sollte organisch gewachsen sein. Sie sollte aus dem Leben entspringen und nicht dem Leben aufgezwungen werden. Wir zäumen das Pferd oft von hinten auf, denn wir erwarten, dass Menschen zuerst „auftanken" und dann ihr Leben entsprechend gestalten. Aber das Wort Gottes sagt uns etwas anderes. Erst wenn wir ein Leben in Anbetung führen, sind wir in der Lage, andere an diesem Leben teilhaben zu lassen.

Es ist ähnlich wie bei dem Wunder, das Josua und die Israeliten am Ufer der Jordans erlebten, als sie sich auf den Einzug ins verheißene Land vorbereiteten. Nach vierzig Jahren Wüstenwanderung standen sie an der Schwelle eines neuen Lebens. Gott befahl den Priestern, etwas zu tun, das sich gegen ihre eigene Intuition richtete. Sie sollten die Bundeslade nehmen und in den Fluss gehen, der zu diesem Zeitpunkt über die Ufer getreten war.

> ... und als die Träger der Lade an den Jordan kamen und die Füße der Priester, die die Lade trugen, in das Wasser am Ufer tauchten – der Jordan aber führt in der ganzen Erntezeit Hochwasser –, da blieb das von oben herabfließende Wasser stehen. Es richtete sich auf wie ein Damm ... So zog das Volk hindurch, gegenüber von Jericho (Jos 3,15-16).

Der Fluss hörte erst dann auf zu fließen, als die Priester nasse Füße bekamen, nicht vorher. So ist es oft auch bei uns. Auf ein Handeln von unserer Seite her folgt der Segen Gottes. Das Einfache, Unkomplizierte in der verfolgten Gemeinde Jesu entspringt ganz natürlich aus dieser Art des Glaubenslebens. Leider fällt uns Christen in der westlichen Welt das nicht so leicht. Wir verpassen oft die einfachen Dinge, weil wir an allem so schnell vorbeirauschen. Und dennoch scheint es zum Beispiel in Amerika unter modernen christlichen Gemeinden eine verzweifelte Sehnsucht nach Einfachheit zu geben, nach einer nicht aufgezwungenen Einfachheit und Echtheit. Noch vor einer oder zwei Generationen waren in vielen Regionen der USA die Sonntage geprägt vom Gottesdienstbesuch und einem anschließenden Mittagessen bei den Großeltern. Sonntags hatte man viel Zeit. Die ganze Familie kam zusammen, man redete miteinander. Heute ist unser Sonntag schon verplant, bevor der Tag überhaupt beginnt. Natürlich versuchen wir, den Gottesdienst auch noch irgendwo unterzubringen. Vielleicht ist das der wahre Grund für die steigende Zahl von Samstagabend-Gottesdiensten. Aber sobald der Gottesdienst zu Ende ist, brechen wir auf zum therapeutischen Schwimmen, zu Fußballspielen oder Tanzkursen oder zu Vorbereitungskursen für die Zulassung an Hochschulen. Für ein Mittagessen bei den Großeltern bleibt keine Zeit mehr. Aber das spielt auch keine Rolle, denn wahrscheinlich sind die Großeltern sowieso unterwegs oder im Urlaub.

Was Gebäude mit Gemeindewachstum zu tun haben

Bei uns in der westlichen Welt dienen Gemeindegebäude einem doppelten Zweck. Zum einen werden sie zu Marketingzwecken gebaut und zum anderen als Treffpunkte für unsere christlichen Gemeinden. Manche Gemeindeplaner weisen warnend darauf hin, dass wir nicht als „echte" Gemeinde anerkannt werden, solange wir kein Gebäude haben, und die Leute erst dann zu uns kommen, wenn ein solches Gebäude da steht. Man kann es auch so formulieren: Gebäude schaffen Glaubwürdigkeit. In dem denkwürdigen Film „Feld der Träume" pflügt ein Farmer sein Maisfeld um und legt ein Baseballfeld darauf an, nachdem ihm eine mystische Stimme gesagt hat: „Wenn du es baust, werden sie kommen." Vielleicht hat diese Philosophie aus dem Film in westlichen Ländern eine gewisse Berechtigung, aber in der verfolgten Gemeinde Jesu ist das offenbar nicht der Fall. Dort gibt es nur selten Gemeindegebäude, statt dessen entsteht eine Gemeinde durch Beziehungen unter Gleichaltrigen, unter Familien oder Nachbarn. Dadurch werden eine größere Einfachheit, Echtheit und ein größeres Wachstum ermöglicht.

Ein anschauliches Beispiel ist die Erfahrung, die vor ein paar Jahrzehnten die Gemeinde Jesu in Äthiopien gemacht hat.

> Als die Kommunisten 1982 in Äthiopien die Macht übernahmen, begann die Verfolgung der Gemeinde Jesu. Wie bei anderen christlichen Gruppierungen wurden auch alle Gebäude und das gesamte Vermögen der Mennoniten-Kirche beschlagnahmt. Viele Leute aus der Kirchenleitung wurden inhaftiert, und die Gemeindemitglieder durften keine Gottesdienste mehr abhalten. Die Kirche ging in den Untergrund, ohne Kirchenleitung, ohne Gebäude, ohne die Möglichkeit, sich öffentlich zu versammeln oder ihre Programme für Öffentlichkeitsarbeit durchzuführen. Bei ihren geheimen Zusammenkünften konnten die Gemeindemitglieder noch nicht einmal laut singen, weil sie Angst haben mussten, dass sie jemand aus der Nachbarschaft an die Behörden verraten könnte.
>
> Zehn Jahre später wurde das kommunistische Regime gestürzt, und die Kirche brauchte sich nicht mehr zu verstecken. Die Kirchenleitung stellte zu ihrer Verblüffung fest, dass ihre vorher 5.000 Mitglieder zählende Kirche innerhalb der vergangenen zehn Jahre auf 50.000 angewachsen war.[1]

Selbst die pessimistischsten Gemeindeleiter in Amerika wären überglücklich über eine zehnfache Steigerung ihrer Mitgliederzahlen.

Vielleicht dient ein aktuelleres Beispiel zur Veranschaulichung. Aufgrund des politischen Wandels in China haben nicht registrierte Hausgemeinden in Peking sporadisch die Erlaubnis bekommen, öffentliche Versammlungen durchzuführen. Wie man es sich bei einem kommunistischen Regime jedoch vorstellen kann, ist diese Situation nicht gleich bleibend stabil, aber manche Hausgemeinden haben Mut bewiesen und das Risiko auf sich genommen. Eine Gruppe hat sogar ein großes Gebäude gemietet und es für ihre wöchentlichen Gottesdienste genutzt. Das ging ein paar Monate lang gut. Aber in dem Winter nach den Olympischen Spielen, als sich das Augenmerk der Weltöffentlichkeit nicht mehr auf die Situation der Menschenrechte in China richtete, griffen die staatlichen Behörden wieder härter durch. Der Vermieter des Gebäudes befürchtete Repressalien, und so sperrte er die Christen einfach aus, mit dem Hinweis, sie müssten wieder „in den Untergrund" gehen.

Tausende Christen, versammelt mitten im starken Schneetreiben, bilden ein sichtbares Symbol dafür, dass die verfolgte Gemeinde Jesu für ihr Überleben kein Gebäude braucht.

Aber am ersten Sonntag nach der Aussperrung entschloss sich die Gemeinde trotz des winterlichen Wetters zu einer Versammlung im Freien, mitten in einem nahe gelegenen Stadtpark. Als die Menschenmenge bei starkem Schneetreiben von ein paar Dutzend auf Hunderte und dann Tausende Christen anwuchs, wurde sie ein unübersehbares Symbol dafür, dass die verfolgte Gemeinde Jesu kein Gebäude braucht, um – unterdrückt durch die Regierung – zu überleben oder zu wachsen und zu gedeihen.

Ob nun in einem Park in China oder in einer Gasse in Teheran, ob an einem Berghang in Südmexiko oder an einem Strand auf Sri Lanka, die Gemeinde Jesu wird sich noch immer versammeln, anderen Menschen dienen und Gott anbeten, mit oder ohne Gebäude. Die verfolgte Gemeinde Jesu hängt nicht an den materiellen Dingen, die uns so stark beschäftigen, weil diese Christen oft nichts anderes haben als Gott und die Gemeinschaft mit anderen Gläubigen. Aber sie wissen auch, dass diese materiellen Dinge letzten Endes zu Belastungen werden können. Wenn man einen Großteil seines Lebens auf der Flucht und im Untergrund verbringt, lernt man, mit leichtem Gepäck zu reisen.

Was ist Gemeinde Jesu? Was ist Anbetung Gottes?

Die vielleicht wichtigste Lektion, die wir von der verfolgten Gemeinde Jesu lernen können, beinhaltet einen kurzen Auffrischungskurs in den Grundbegriffen unseres Glaubens, besonders dann, wenn wir den Willen Gottes für unser Leben verstehen wollen.

Das Wort *Gemeinde* oder *Kirche* wird in westlichen Ländern oft falsch verstanden. Im Wörterbuch Gottes hat der Begriff jedoch mehrfache Bedeutungen. Die Gemeinde oder Kirche ist nicht in erster Linie ein Gebäude. In den Schriften des Neuen Testaments wird das Wort meistens verwendet für die Menschen, die sich entschließen, Jesus nachzufolgen. Als Jesus zu Petrus sagte: „...auf diesem Felsen werde ich meine Gemeinde bauen, und des Hades Pforten werden sie nicht überwältigen" (Mt 16,18), dachte er dabei weder ein Gebäude noch an das Fundament einer architektonischen Konstruktion, sondern an seinen Leib, an die Menschen, die ihm nachfolgen werden.

Ein weiterer Begriff ist ebenfalls wichtig, und auch er wird gerne falsch verwendet. Es handelt sich um das Wort *Anbetung*. In den USA ist dieser Begriff in christlichen Gemeinden zu einer anderen Bezeichnung für das gemeinsame Singen geworden. Wenn wir von einem „Anbetungsleiter" sprechen, meinen wir die Person, die für die musikalischen Teile eines Gottesdienstes zuständig ist. Aber nach dem Begriffslexikon Gottes sollte jeder Gläubige ebenfalls als

„Anbetungsleiter" angesehen werden, indem er in Geist und Wahrheit anbetet (vgl. Joh 4,24).

Wir müssen wieder neu lernen, dass wir bei der Anbetung mit *allem, was wir tun und sagen,* Gott dienen, selbst wenn wir zwischen der privaten, persönlichen und der öffentlichen Anbetung in der Gemeinde unterscheiden. Wenn wir der Wortverkündigung zuhören, Gebete sprechen, die Gottesdienstbesucher begrüßen, ein Glaubensbekenntnis sprechen, aus der Bibel vorlesen, verkünden wir, dass Gott *würdig* ist, unsere Anbetung zu empfangen. Dieses Verständnis sollte sich auf unser ganzes Handeln auswirken, insbesondere aber auf Vorgehensweise bei der Anbetung.

In Amerika liegt der Schwerpunkt immer auf der *Form* des Gottesdienstes, der Reihenfolge der Programmpunkte, der Frage, wer was sagen soll, welche Teile des Programms verwendet werden. In der verfolgten Gemeinde Jesu dagegen geht es hauptsächlich um die *Funktion*, die Form dagegen bleibt den organischen Abläufen des Lebens überlassen. Uns fällt es schwer, uns auf die Funktion zu konzentrieren, weil wir Funktionalität mit Erfolg verbinden. Wir denken zu sehr an Effektivität und Effizienz, weil unser Denken erfolgs- und ergebnisorientiert ist.

Der Fairness halber muss man sagen, dass die Gemeinde Jesu in den USA natürlich auch an zwischenmenschlichen Beziehungen interessiert ist, aber wir wählen dafür die einzige Methode, die wir kennen, nämlich Vorträge, Seminare und einen festen zeitlichen Rahmen. Wenn in unserer Gemeinde das Miteinander zu kurz kommt, entwickeln wir eine mehrwöchige Vortragsreihe zum Thema Beziehungen. Dann starten wir die Serie mit einer thematischen Predigt im Gottesdienst und laden dazu vielleicht auch bekannte Experten oder Gastredner ein.

Aber wie können wir ein Jahr (oder fünf bzw. zehn Jahre) später herausfinden, ob die Leute in unserer Gemeinde wirklich engere Beziehungen zueinander aufgebaut haben, wenn wir ihnen nicht täglich begegnen? Woran messen wir unseren „Erfolg"? Welche Früchte wollen wir ernten? Und wie können wir etwas ernten, wenn die Bäume noch nicht einmal in unserem Garten wachsen?

Die Problematik der zwischenmenschlichen Beziehungen ist ein umfassendes Thema in der modernen Gemeinde Jesu, vor allem in der jungen Generation. Junge Menschen wollen Echtheit in ihren Beziehungen zueinander, und sie wollen diese Echtheit jetzt. Sie besuchen unsere durchstrukturierten Gottesdienste in unseren großen Gemeinden, und dann sagen sie: „Das hier ist nicht authentisch. Wir erleben keine Gemeinschaft, keine echten Beziehungen." Und sie haben Recht mit diesem Einwand. Also treffen sich an einem Sonntagmorgen drei oder vier Leute in einem Café oder Restaurant, lesen gemeinsam die Bibel und meinen, dieses Treffen sei eine Gemeinde.

Manche Gemeinden gehen dazu über, die Zugehörigkeit zu einer Kleingruppe zum Kernpunkt des Gemeindelebens zu machen, aber dann müssen sie feststellen, dass ihre Mitglieder die gemeinschaftlichen Elemente im Leib Jesu nicht mehr verstehen und auch nicht mehr zu schätzen wissen.

Sowohl Kleingruppen als auch eine Gemeinde als Ganzes sind wichtig, aber noch wichtiger ist es, dass beide das Wesen Jesu auf authentische Weise verkörpern. Wenn sich bei der Anbetung in der Gemeinde die Gottesdienstbesucher wie Zuschauer bei einem Sportereignis fühlen und in Kleingruppen nur noch Gespräche geführt werden über Themen wie Fußball, Autos oder die Gestaltung der Dekoration, entsprechen beide nicht mehr den Anforderungen des Neuen Testaments an eine lebendige Gemeinschaft der Gläubigen.

Die von Theologiestudenten erwartete Standardantwort auf die Frage, was Gemeinde Jesu ist, stammt aus Apostelgeschichte 2,42: „Sie hielten beharrlich an der Lehre der Apostel fest, an der geschwisterlichen Gemeinschaft, am Brechen des Brotes und an den gemeinsamen Gebeten“ (NeÜ).

Die Gemeinde ist eine Gruppe von Menschen, die von neuem geboren sind, aber sie braucht auch Leitung, das Mahl des Herrn und einen missionarischen Auftrag.

In dieser Gleichung kommt die zahlenmäßige Größe nicht vor. Im letzten Kapitel des Kolosserbriefs spricht der Apostel Paulus von einer Gemeinde, die sich in einem Privathaus versammelt, und dann erwähnt er die Gemeinde in Galatien. Er kennt also die Abgrenzung zwischen der Ortsgemeinde und der „universalen“ Gemeinde Jesu.

Einfach ausgedrückt ist die Gemeinde eine Gruppe von Menschen, die von neuem geboren sind, aber sie braucht auch eine Leitung und ein geordnetes Miteinander. Sie braucht auch das Mahl des Herrn, und sie muss einen Auftrag, eine Mission, haben. Das Gegenteil ist genauso zutreffend. Wenn es keinen Gottesdienst, kein Abendmahl oder keine Gemeindeordnung gibt, keinen Auftrag, keine Missionsarbeit, keine Leitung, keine Gemeindezucht, keine Wortverkündigung, also jene Dinge, die im Verlauf der Kirchengeschichte immer Merkmale der Gemeinde Jesu gewesen sind, dann handelt es sich nicht um eine Gemeinde.

Wie können wir authentisch sein?

Ein weiterer wichtiger Diskussionspunkt, der in westlichen Ländern häufig auftaucht, dreht sich um die Frage nach der Relevanz und Authentizität der Gemeinde Jesu. Aber auf dem Weg zur Relevanz der Gemeinde Jesu ist etwas Merkwürdiges geschehen, denn unser Verständnis von Authentizität ist hauptsächlich abhängig von der Generation, zu der wir gehören oder auf die unser Dienst ausgerichtet ist. Ein Kirchenchor, Kirchenbänke oder sogar ein großes Gemeindegebäude sind nicht von ihrer Definition her authentisch. Wenn man jedoch mit dem Bewohner einer Seniorensiedlung spricht, könnte der Begriff „authentische Gemeinde" für diese Person bedeuten, dass man zum Gottesdienst mit Anzug und Krawatte erscheinen muss. Natürlich entsteht die Reaktion gegen die Anhänger von formeller Kleidung aus einer neuen Dynamik heraus, nach der ein legeres Auftreten mit Authentizität gleichgesetzt wird. Wir beobachten das gleiche Phänomen bei Hochzeiten. Eine Hochzeit ist von der Tradition her eine vornehme, einmal im Leben stattfindende Feier zum Beginn einer Ehe. Vielleicht ist das in den meisten Regionen der USA noch heute der Fall. Aber in Südkalifornien entschließen sich viele Paare zu einer Hochzeit, bei der sie Jeans tragen und beim später stattfindenden Empfang Pizza essen. Auf diese Weise wird eine bedeutsame Zeremonie zu einer alltäglichen und gewöhnlichen Sache.

Die verfolgte Gemeinde Jesu ist nicht an einem Leben „im Einklang mit dem kulturellen Umfeld" interessiert. Wenn sich verfolgte Christen zur Anbetung versammeln, treten Sie ein in die himmlische Welt. Sie erleben einen Vorgeschmack dessen, wie es sein könnte, wenn sie vor dem Thron Gottes stehen. Sie würden eine solche Versammlung am liebsten immer weiter fortsetzen, weil sie zurück in die Hölle ihres Alltags müssen, wenn sie beendet wird. Aber wir reden uns nur allzu leicht ein, dass unser Privatleben genauso zufrieden stellend und aufbauend ist wie die Anbetung und Gemeinschaft mit der Gemeinde Jesu.

Authentische Anbetung ... bedeutet Einfachheit, Einheit und ein starkes Gemeinschaftsgefühl. Und der Schlüssel zu diesen drei Eigenschaften ist Demut.

Solange wir den Schwerpunkt auf uns selbst legen, werden wir durch Selbstsucht gespalten. Selbstsucht führt immer zu Spaltung. Wenn der Gottesdienstbesuch zum Selbstzweck wird, dann wollen wir „unsere“ Musik und „unsere“ Verkündigung nach der Speisekarte bestellen wie bei einem Essen im Restaurant. Eine Mehrgenerationen-Gemeinde funktioniert jedoch nur dann, wenn sich alle Mitglieder einig sind, dass ihr Auftrag außerhalb der Gemeinde liegt. Aber diese Entscheidung muss gemeinsam getroffen werden. Wir sollten auf den Ruf Jesu hören und nicht auf den Lärm unseres kulturellen Umfelds. Denn was ist in den Augen Gottes wirklich wichtig? Gott will, dass unsere Anbetung authentisch ist, und das erfordert Einfachheit, Einheit und ein starkes Gemeinschaftsgefühl. Und der Schlüssel zu diesen drei Eigenschaften ist Demut. Und der Weg zu dieser Demut eröffnet sich durch heiligen Gehorsam. Gehorsam ist das wichtigste Mittel der Gnade Gottes, um in uns Demut zu bewirken.

„Folge ich Jesus nach oder folge ich bloß der Masse, die Jesus nachläuft?“

In Wirklichkeit unterscheidet sich die theologische Definition des Begriffs „Gemeinde" hier in westlichen Ländern und in den Regionen, in denen Verfolgung herrscht, nicht so stark wie die praktische Einschätzung über das Wesen der Gemeinde Jesu. In der westlichen Welt wird die Gemeinde Jesu eher als Organisation verstanden, als ein Gebilde, das Gutes tut, Hilfeleistungen anbietet, über ein Gebäude und ein Gemeindebüro verfügt und programmatisch vorgeht. In Ländern, in denen sie verfolgt wird, ist die Gemeinde Jesu eine echte Lebensgemeinschaft und eher vergleichbar mit einer vertrauten Brüderschaft oder Verbindung. Ihre Mitglieder leben zusammen, auch wenn sie nicht im selben Haus wohnen. Es geht ihnen nicht darum, ob sie für ihre Jugend ein vernünftiges Programm aufstellen können, sondern die Familien bilden eine Lebensgemeinschaft.

Diejenigen von uns, die zur Gemeinde Jesu in Amerika oder in anderen westlichen Ländern gehören, sollten sich fragen: „Folge ich Jesus nach oder folge ich bloß der Masse, die Jesus nachläuft?" Die Christen in der verfolgten Gemeinde Jesu folgen *Jesus* nach. Sie zahlen nämlich einen zu hohen Preis, wenn sie der Masse nachlaufen.

Aber ob wir nun in Amerika leben oder in einer Region, in der die weltweit schlimmste Verfolgung herrscht – wir sollten eins immer bedenken: Jesus Christus ist das Haupt seiner Gemeinde. Überall. Trotz aller Unterschiede haben wir einen „Chef", gehören zur selben Familie, und erfüllen denselben Auftrag unter demselben Haupt. Auch wenn die Gemeinde Jesu in Amerika in bestimmten Bereichen Mängel aufweist, ist sie doch seine Gemeinde, nicht unsere. Und er hat jedes Recht dazu, uns zu zeigen, was wir verbessern müssen. Seine Gemeinde ist im Laufe der Kirchengeschichte niemals vollkommen gewesen, und doch will er noch immer durch sie und durch uns wirken. Seine Gemeinde ist das wichtigste Medium, durch das auch heute die Ausbreitung des Evangeliums gefördert wird.

Es spielt keine Rolle, wo eine Gemeinde sich befindet. Wichtig ist, dass die Leitung einer Gemeinde den Auftrag Gottes versteht und weiß, dass Gott das wichtigste Ziel unserer Anbetung ist und es nicht bloß darum geht, Menschen mit einem Lächeln auf den Lippen in die Welt hinaus zu senden.

In Wirklichkeit geht es darum, dass unsere Anbetung Gott gefällt.

Ich aber sage euch: Liebt eure Feinde und bittet für die, die euch verfolgen, damit ihr Kinder seid eures Vaters im Himmel. Denn er lässt seine Sonne aufgehen über Böse und Gute und lässt regnen über Gerechte und Ungerechte.

Matthäus 5,44-45

3 Gebet und Abhängigkeit von Gott

Der Yalu und der Tumen bilden eine natürliche Grenze zwischen der Volksrepublik China und der Demokratischen Volksrepublik Korea (Nordkorea). Die beiden Flüsse, die im Changbai-Gebirge im Nordwesten Asiens entspringen und in die Koreanische Bucht münden, sind nicht sehr tief und auf weiten Strecken ihres Verlaufs stark versandet. Trotzdem sind sie von Schiffen leichter zu meistern als die politische Lage in dem von ihnen markierten Grenzland. Tag und Nacht starren sich Soldaten beider Armeen gegenseitig durch ihre Feldstecher an, während sie den Grenzverkehr ihrer jeweiligen Länder überwachen. Für Reisende an den chinesischen Kontrollpunkten bewegt sich alles im Schneckentempo, denn jeder, der ein- oder ausreisen will, wird als hohes Sicherheitsrisiko eingestuft. Nur wenige Leute dürfen die wie eine Festung gesicherte Grenze regelmäßig überqueren. Ähnlich ist die Lage an der Grenze zu Korea. Überall stehen Kontrollpunkte. Die Einreise nach Nordkorea ist beinahe unmöglich.

Aber ein Mann durchquert das Land. Für uns in der westlichen Welt ist er nur unter dem Namen „der Reisende“ bekannt. Er gehört zu den Helfern, die für Open Doors in Nordkorea Hilfsgüter verteilen. Trotz der allgegenwärtigen Gefahr, enttarnt zu werden, wirkt der Reisende wie ein bescheidener, einfacher Mann. Er sieht eher aus wie ein Fabrikarbeiter und nicht wie ein koreanischer James Bond, aber sein unauffälliges Auftreten ist ein Schlüssel zu seinem Erfolg. Geschickt fügt er sich in seine Umgebung ein, aber er bleibt wachsam und entschlossen.

Schließlich geht es ums Überleben.

Schon viele Jahre lang ist er für Open Doors tätig, aber noch immer kennen wir nicht seinen richtigen Namen. Wir werden ihn nie erfahren. Je weniger Menschen ihn kennen, desto besser, denn wenn sein geheimer Dienst für die Kinder Gottes jemals entdeckt wird, wäre das für ihn das Todesurteil.

Die Rolle des Gebets in Nordkorea

In einem Gespräch mit führenden Leuten von Open Doors fragten wir ihn, wofür die Gemeinde Jesu in Nordkorea betet. Dieser scheinbar emotionslose Mann, der täglich sein Leben aufs Spiel setzt, oft für Menschen, die er nicht kennt, in Städten, die er noch nie zuvor gesehen hat, begann zu weinen. Er berichtete von einer Bewegung, die seit den 1950-er Jahren im Untergrund ist. Weil Kim Il-Sung das Christentum ausrotten wollte, ließ er seine Soldaten ganze Gemeinden auf die Straßen treiben und von Bulldozern überrollen. Tausende Männer, Frauen und Kinder, fast alle von ihnen Bürger Nordkoreas, wurden buchstäblich zu Tode gequetscht. Ihre sterblichen Überreste wurden zusammengepresst, wiederverwertet und in den Städten zur Befestigung von Straßen verwendet.

Unter der Herrschaft von Kims Sohn Kim Jong-il zählte die Gemeinde Jesu zwischen 200.000 und 400.000 Christen, alles direkte Nachfahren der Überlebenden von damals. Wenn diese Menschen beten, erzählt der Reisende, dann beten sie um Umkehr. Es entbehrt nicht einer gewissen Ironie, dass ihre echte und von Trauer geprägte Reue nichts mit ihrer persönlichen Schuld oder einer Tragödie in ihrer eigenen Generation zu tun hat. Vielmehr erwächst sie aus einer Art kollektivem Bewusstsein des Verhaltens ihrer Großeltern in den Jahren der japanischen Besatzung und später bei der Machtübernahme der Kommunisten. Diese Generation von Christen hat offenbar nicht mutig genug von ihrem Glauben erzählt. Deshalb sind die Christen in Nordkorea heute der Meinung, der Kommunismus der letzten sechs Jahrzehnte sei ihnen wegen dieser Zurückhaltung ihrer Vorfahren als Strafe auferlegt worden. Diese Erblast ist so stark, dass die heutige Generation darin eine tägliche Mahnung sieht, ihren Glauben ernst zu nehmen.

Mit dieser Mahnung verfahren sie so wie mit allen anderen Herausforderungen in ihrem Leben. Sie beten. Es ist ganz einfach. Christen in Nordkorea – wie auch alle anderen in der verfolgten Gemeinde Jesu – betrachten das Gebet nicht als bloße Beigabe zu ihren anderen Aktivitäten. Es ist nicht so, dass sie eine Beziehung zu Gott haben und so ganz nebenbei auch beten, sondern ihre Gemeinde ist eine betende Gemeinde. Ihre Beziehung zu Gott ist geprägt von Gebet. Deshalb ist das Gebet in ihr Leben mit Gott so eng verwoben wie wir Christen aus westlichen Ländern es wohl kaum kennen.

Für die Christen aus der verfolgten Gemeinde Jesu ist Gebet eine enge Gemeinschaft mit Gott, und sie haben einen so reichen Erfahrungsschatz und ein so tiefes Erleben, wie wir es nur selten vorzuweisen haben. Wenn sie sich zum gemeinsamen Gebet treffen, dann geschieht das nahezu in einer Atmosphäre geheiligter Verzweiflung. Eine Person leitet die Gebetsgemeinschaft, und dann beten alle Versammelten voller Leidenschaft, oft mehrmals hintereinander. Diese Christen beten für Anliegen, an die wir noch nicht einmal denken, und sie beten niemals für die Dinge, die uns so wichtig erscheinen.

Ihr Gebet ist ein Gebet um Befreiung …

Sie beten für die Erlösung ihres Diktators.

Ein Großteil unseres Gebetslebens ist eine bloße Reaktion auf eine pflichtgemäße Aufforderung, nicht nachzulassen im Gebet. Man erwartet von uns, dass wir im Gottesdienst beten, also tun wir es auch. Man erwartet von uns ein Tischgebet, also erledigen wir das rasch und in aller Stille, vor allem dann, wenn wir uns an einem öffentlichen Ort befinden. Nur selten beten wir, weil wir uns von Gott abhängig fühlen. Aus diesem Grund vergessen wir oft das Gebet. Wenn wir ehrlich sind, dann müssen wir uns eingestehen, dass es in westlichen Ländern nur wenige Christen gibt, die „gerne" beten. In anderen Teilen der Welt dagegen stellt sich nie die Frage, ob man „gerne" beten oder das Gebet „genießen" kann.

Christen in Nordkorea haben auch im Gebet nur ein Ziel, nämlich die Bereitschaft, an Ort und Stelle den Willen Gottes zu tun. Sie beten für Befreiung, für Licht in der Finsternis, für die Gelegenheit, die Versammlungshäuser ihrer christlichen Vorfahren wieder zu öffnen, und für Versöhnung. Sie beten für die Erlösung ihres Diktators.

Und so nimmt der Reisende die mit seinem Dienst verbundenen Gefahren auf sich und bringt den im Untergrund lebenden Christen Bibelkommentare, Bibeln, Radioprogramme, Material für ihre Aus- und Weiterbildung. Er macht ihnen Mut, damit sie dem Herrn treu bleiben. In einem Land, in dem die Gemeinde Jesu im Untergrund lebt und Christen nur selten die Gelegenheit haben, sich zu treffen, beten die Gläubigen oft allein, aber dennoch beten sie mit *einer* Stimme.

Der Reisende weiß eines: Wenn es in diesem Land jemals Freiheit geben wird, dann nur durch Gebet. In Jesus Christus sind Christen ja bereits frei.

Gebet als Ausdruck der Abhängigkeit von Gott oder Gebet als Selbstzweck

Ob wir es nun zugeben wollen oder nicht, aber unsere Sichtweise über das Gebet gehört zu den wichtigsten Indizien für unsere Auffassung über Gott. Wenn nach unserer Philosophie der Mensch im Mittelpunkt des Universums steht und Gott bloß dafür da ist, uns mit Segen und Gutem zu versorgen, dann lautet unser Gebet: „Ich brauche etwas ganz Bestimmtes, zu dem Zeitpunkt, den ich mir vorstelle, und es muss auch meinen Wünschen entsprechen." Aber in Kulturen, in denen sich Menschen unter der eisernen Faust eines Diktators oder Despoten beugen müssen – und das trifft auf die meisten Christen in der verfolgten Kirche zu – gibt es eine klare Erkenntnis darüber, dass es eine gewaltige Macht gibt, der niemand widerstehen kann. Verfolgte Christen erleben die dunkle Seite menschlicher Macht an jedem Tag ihres Lebens, aber dadurch verstehen sie umso besser jene größere Macht zum Guten, die in Gott zu finden ist. Deshalb nähern sie sich ihm im Bewusstsein ihrer Abhängigkeit von ihm und in Demut, weil sie wirklich dankbar sind, dass Gott es ihnen in seiner Gnade erlaubt, mit ihm als dem Schöpfer des Universums Gemeinschaft zu haben.

Im Gegensatz dazu sind in westlichen Ländern Gebete häufig nur Selbstzweck oder von Egoismus geprägt. Christen in diesem Kulturkreis neigen dazu, Gott zu ihrem großen himmlischen Versorger zu machen und Jesus Christus zu ihrem persönlichen Assistenten. Ihnen fällt es nur allzu leicht, Gott so zu behandeln, als sei er beliebig abrufbar. Wir beten für logistische Anliegen oder bestimmte Situationen, aber kaum für taktische oder strategische Ziele. Und wir sind oft viel zu beschäftigt oder von Hektik getrieben, um längere Zeit im Gebet zu verharren. Wenn wir das Gebet oder das Bibelstudium bloß dazu nutzen, damit Gott uns in unserer beruflichen Karriere weiterhilft, damit wir unser Idealgewicht erreichen oder gesund bleiben, dann dient das alles dem Selbstzweck. Aber wenn wir zur Ehre Gottes leben wollen, haben Gebet und Bibelstudium auch eine Wirkung auf unser Herz. Dann sind wir in der Lage, das Leben auf eine andere Weise zu sehen, durch eine andere Brille. Wir erkennen, dass unser Nachbar Gott genauso braucht wie wir und dass durch Gebet sogar der größte Zyniker sein Herz für Gott öffnet. Ein Mensch, der nur für sich selbst lebt, hat ein hartes, verschlossenes Herz, aber durch Leiden und eine echte Anteilnahme am Schicksal anderer wird dieses harte Herz weicher und zerbrochen.

Aber das Gebet der Gemeinde Jesu in der westlichen Welt kommt nicht aus einem zerbrochenen Herzen, sondern es ist ein Gebet um unsere Rechte, um das, was wir verdienen oder haben sollten. Und manchmal wird aus dem Gebet sogar eine Forderung. Die Gebete von verfolgten Christen dagegen kommen aus einem zerbrochenen Herzen, und sie zielen auf vollkommene Übereinstimmung mit Gott ab und nicht darauf, dass Gott uns dort abholt, wo wir sind. Wie bringen sie es fertig, die Sache mit dem Gebet richtig zu verstehen? Die große Mehrheit der Gläubigen in der verfolgten Kirche hat durch das Lesen und Hören biblischer Texte gelernt zu beten. Für sie ist das Gebet nicht eine kuriose religiöse Übung, die ihnen von ihren Eltern oder ihren Pastoren überliefert wurde, und das zeigt sich auch. Die Gebete der verfolgten Gemeinde Jesu sind denen von König David sehr ähnlich. Wenn Sie die Psalmen durchlesen, bekommen Sie eine Vorstellung davon, dass Gebet tatsächlich ein verzweifeltes Flehen ist, der Ausdruck von Schmerz und Qual, aber auch der Dankbarkeit für die Gegenwart Gottes.

Der vietnamesische Pastor Cuong, der wegen seines Glaubens sechs Jahre im Gefängnis war, sagt über das Gebet:

„In meinem Dienst als Pastor war ich so beschäftigt, dass ich keine Zeit für das Gebet gefunden habe. Aber im Gefängnis war ich Gott dankbar für die Zeit, die er mir geschenkt hat. Ich hatte täglich etwa sechs Stunden für das Gebet zur Verfügung. Ich hatte die Zeit, mir jedes Mitglied meiner Gemeinde in Erinnerung zu rufen und für sie alle zu beten. Davor hatte ich nicht genügend Zeit, für meine Gemeindemitglieder zu beten, obwohl ich ihnen als Pastor diente. (Im Gefängnis) lernte ich die wahre Gegenwart Gottes kennen. Wenn man sich hinkniet und von ganzem Herzen zum Herrn betet, dann spürt man sofort, wie er auf dieses Gebet antwortet.“[1]

Mitfühlend und authentisch beten

Zwei irakischen Flüchtlingen stellte man die Frage: „Wofür können wir für Sie beten?“ Ihre Antworten zeigten einerseits eine große Uneigennützigkeit und andererseits eine innere Reife. Sie können uns als Vorbild dienen. Der eine Flüchtling sagte: „Betet vor allem für diejenigen, die uns verfolgt haben.“ Das ist erstaunlich angesichts der Tatsache, dass er und seine Begleiter gerade erst ihren gesamten materiellen Besitz verloren hatten, und manche von ihnen litten sogar unter dem Verlust von geliebten Menschen. Der andere Mann erwiderte: „Betet dafür, dass wir unsere Würde zurückbekommen.“ Die Flüchtlinge rangen noch immer mit der Frage, wie Gott sie zu seinen Werkzeugen machen und wie er ihnen in ihrer schlimmen Lage Heilung und Wiederherstellung schenken könnte.

Am Ende des Gesprächs sagten die Männer: „Wir bringen unsere Gebete ständig vor Gott." Mit diesen Worten wird deutlich, dass unsere Gebete keine kurzen Episoden oder Darbietungen sein sollten, auch keine Auflistung unserer persönlichen Bedürfnisse, sondern eine anhaltende Gemeinschaft mit Gott. Die Gebete dieser Flüchtlinge sind geprägt von Mitgefühl mit ihren Feinden und von der engen Beziehung zu ihrem himmlischen Vater.

In gewisser Weise hat eine unreife und fehlerhafte Haltung gegenüber dem öffentlichen Beten in Amerika die Wirksamkeit des Gebets beeinträchtigt. Anstelle der Gemeinschaft mit unserem himmlischen Vater ist das öffentliche Gebet häufig nur noch eine schauspielerische Darbietung. Christen in der verfolgten Gemeinde Jesu beten jedoch nicht, um sich zu präsentieren. Für sie ist das Gebet im wahrsten Sinne des Wortes eine Rettungsleine, an der sie sich beharrlich festhalten.

Wenn unsere Gebete eine Wirkung haben sollten, müssen sie aufrichtig vor Gott sein. Aber wir fühlen uns ja bereits unwohl, wenn wir in unseren zwischenmenschlichen Beziehungen wahr und echt sein wollen. Deshalb fällt es uns auch so schwer, Gott gegenüber echt zu sein. Natürlich ist der ausgeprägte Gemeinschaftssinn in der verfolgten Kirche teilweise ein Produkt ihres kulturellen Umfelds. In vielen Ländern, besonders dort, wo Verfolgung herrscht, leben Christen so eng zusammen, dass ihnen so etwas wie ein Privatleben fremd ist. Jeder hört alles, was die anderen sagen. Aber bei uns ist sogar unsere in den eigenen vier Wänden verbrachte Zeit der Andacht eher vom Verstand, also vom Kopf her gesteuert, als vom Herzen her.

In Ländern wie Kolumbien und auch in vielen anderen Regionen der Erde sind die Zeiten der Andacht dagegen beherrscht vom gemeinsamen Gebet. Natürlich nimmt man sich auch Zeit für das

Bibellesen, das Wortstudium und die Verkündigung, aber Christen in diesen Ländern stützen sich sehr stark auf ihre persönliche Verbindung zu Gott und die Gemeinschaft untereinander. In der verfolgten Gemeinde Jesu haben viele Christen keinen Zugang zum geschriebenen Wort. Deshalb müssen Gläubige in vielen Teilen der Welt die Begegnung mit Gott von ihrem Herzen und nicht von ihrem Kopf her suchen.

Wir können an einen Leiter oder an einen Gläubigen aus der verfolgten Kirche die gleiche Bitte richten, wie sie ein Jünger Jesus gegenüber äußerte: „Lehre uns beten."

Zu den besonderen Herausforderungen, der sich die verfolgte Gemeinde Jesu stellen muss, gehört der große Bedarf an Aus- und Weiterbildung. Pastoren haben oft nur eine minimale oder gar keine formale Ausbildung genossen, und trotzdem sind sie verantwortlich für das Glaubensleben sehr vieler Menschen. Wenn sie die Gelegenheit zur Begegnung mit Kollegen aus der westlichen Welt haben, dann äußern sie in großer Demut die Bitte: „Lehrt uns, wie wir lehren sollen. Führt uns durch die Bibel, damit wir das mit unseren Leuten auch so machen können."

Sie haben eine tief aus dem Herzen kommende Abhängigkeit vom Gebet. Wir sollten ihrem Beispiel der Demut folgen und sie ebenfalls um Hilfe bitten. Wir können an einen Leiter oder an einen Gläubigen aus der verfolgten Kirche die gleiche Bitte richten, wie sie ein Jünger Jesus gegenüber in Lukas 1,1 äußerte: „Lehre uns beten."

Demut, Echtsein und das Vaterunser

Wenn unser Gebet aus einer Haltung der Demut kommen und echt, also authentisch sein und eine konsumorientierte Gesellschaft zurück zu Gott rufen soll, sollten wir uns das Vaterunser (vgl. Mt 6,9-13) genauer ansehen.

„Unser Vater, der du bist in den Himmeln, geheiligt werde dein Name": Mit diesen Worten drückt der Beter aus, wer und wo Gott tatsächlich ist. Das Wesen Gottes verändert sich nicht, ob unsere Umstände nun gut oder schlecht sein mögen. Der verfolgten Kirche ist diese Tatsache bewusst, und deshalb geht sie regelmäßig in die Anbetung Gottes, wenn sie keine weiteren Anliegen haben. Gott braucht unsere Anbetung, unser Lob, nicht, aber wir brauchen beides, denn damit bestätigen wir seine Souveränität. Wenn wir Gott loben und preisen, sagen wir ihm, dass wir auf seine Gerechtigkeit und sein Handeln zur rechten Zeit warten, indem wir ihm unser Leben anvertrauen. Wenn wir in schweren Zeiten unsere Stimmen zum Lob Gottes erheben, bezeugen wir unseren Glauben an seine souveräne Macht.

„Dein Reich komme; dein Wille geschehe" – damit bringt der Beter zum Ausdruck, dass seine Loyalität vor allem dem Reich Gottes gilt, nicht einer Regierung, einer politischen Partei und noch nicht einmal einer Ideologie. Jeder Christ sollte das Reich Gottes an die erste Stelle setzen. Unser Gebet sollte lauten, dass durch die Kraft Gottes, des Heiligen Geistes und durch seine Gemeinde Menschen in unserer Gesellschaft zur Umkehr bewegt werden.

Die Bitte „unser tägliches Brot gib uns heute" ist direkt verknüpft mit dem neutestamentlichen Gebot der Großzügigkeit. Der Apostel Paulus schreibt: „Den Reichen in dem gegenwärtigen Zeitlauf gebiete, ... Gutes zu tun, reich zu sein in guten Werken, freigebig zu sein, mitteilsam, indem sie sich selbst eine gute Grundlage auf die Zukunft sammeln, um das wirkliche Leben zu ergreifen" (1Tim 6,17-19). Wir sollen nicht großzügig sein, weil Gott etwa unser Geld brauchen würde. Vielmehr dient es unserer Erziehung, denn mit unserer Großzügigkeit bringen wir folgenden Gedanken zum Ausdruck: „Meine Hoffnung und Sicherheit gründen sich nicht auf das, was ich habe. Ich gebe dir deshalb einen Teil von meinem materiellen Besitz, um mir bewusst zu machen, dass Gott mich mit allem versorgt, was ich brauche." Aber selbst wenn wir großzügig Geld spenden, können wir vom rechten Weg abkommen, ohne es zunächst zu merken. In den konsumorientierten Gemeinden Amerikas wird der Zehnte oft als Investitions-Strategie angepriesen, als Möglichkeit, höhere Renditen zu erzielen und nicht als Hinweis von Gott, dass wir nicht mehr brauchen als nur ihn selbst. Stellen wir uns der Wahrheit: Wenn wir Geld spenden, dann geschieht das nicht für Gott oder für sein Werk. Gott wird sein Werk vollenden, und dafür ist er nicht auf uns angewiesen.

Wenn wir die Apostelgeschichte lesen, wird deutlich, dass die ersten Christen alles gemeinsam hatten. Diejenigen, die etwas besaßen, teilten ihren Besitz mit denen, die nichts hatten. Für Menschen, die Jesus Christus nachfolgten, ging es nicht mehr um den persönlichen Vorteil.

In christlichen Gemeinden hat es immer Menschen mit Besitz und Besitzlose gegeben, aber es kommt nicht darauf an, die Reichen oder sogar die Armen aufs Podest zu heben, sondern alles „gemeinsam zu haben". Eine Gemeinde, die alles gemeinsam hat, ist durch nichts aufzuhalten. Und das kommt nicht dadurch zustande, dass sie in zahlreichen Radiosendern auftritt oder weil an jedem Wochenende zehntausend Leute zu den Gottesdiensten kommen. Eine Gemeinde ist dann durch nichts aufzuhalten, wenn ihre Mitglieder großzügig sind – zu den Menschen in ihrer Gemeinde genauso wie zu den Menschen außerhalb.

Wenn wir zu aufopferndem Geben bereit sind, erinnert Gott uns daran, dass wir von ihm und nicht von unserem materiellen Besitz abhängig sind. Diese Haltung hat die verfolgte Gemeinde Jesu. Die Christen dort leben in Abhängigkeit von Gott, sie leben mit der Fähigkeit zu sagen: „Unser tägliches Brot gib uns heute", und sie meinen es ehrlich, weil sie nie sicher sein können, woher oder wann es kommen wird. Sie wissen nur eins, nämlich dass es kommen wird.

Aber unsere Scheunen sind oft voll, und deshalb brauchen wir die göttliche Erziehung.

„Und führe uns nicht in Versuchung." In Amerika geht es uns mit der Versuchung nicht nur ganz gut, sondern wir testen auch gerne unsere Grenzen aus. Wir erkennen oft nicht, wie schutzlos wir den täglichen Angriffen des Feindes ausgesetzt sind. Aber er verblendet den Verstand der Ungläubigen, und er ist ein Meister, wenn es um Fälschungen geht. Die Bitte aus dem Vaterunser bedeutet: „Herr, bewahre mich vor allen Fälschungen, die Satan mir vorgaukelt. Dazu gehören eine falsche Sicherheit, ein falscher Erfolg, ein verfälschtes Evangelium, ein verfälschter Jesus und eine verfälschte Gemeinde."

Wir müssen stark im Glauben sein, damit wir nicht in Sünde fallen.

„Und vergib uns unsere Schulden, wie auch wir unseren Schuldnern vergeben haben." Mit dieser Bitte haben wir zu kämpfen. Viele von uns wissen einfach nicht, wie sie Vergebung üben sollen, und andere wieder wollen es gar nicht lernen. Für manche ist Vergebung gleichbedeutend mit Schwäche. In der verfolgten Kirche ist Vergebung kein Thema. Die Christen dort haben eine eher fatalistische Lebenseinstellung, vergleichbar mit dem Text eines bekannten Schlagers, in dem es heißt: „Que sera, sera“ oder im übertragenen Sinne: Man soll die Dinge so nehmen, wie sie kommen. Für uns klingt das vielleicht absurd, aber wenn man in einer Gesellschaft lebt, die einigen ihrer Mitglieder niemals Gerechtigkeit bietet, dann erscheint so etwas wie Ungerechtigkeit gar nicht auf dem Radarbildschirm.

Wenn wir beten, dass wir nicht in Versuchung geführt werden ... dann ist das in Wirklichkeit ein Gebet um die Befreiung unseres Herzens von der Liebe zum Bösen.

Das Gebet Jesu, der himmlische Vater möge uns „von dem Bösen“ retten, erinnert uns daran, dass diese Welt durchdrungen ist vom Bösen. Seine Wirkungsweise in unserem Leben ist weitaus raffinierter und heimtückischer, als wir es wahrhaben wollen. Das Schlimmste, das Menschen tun können, kommt nicht aus einer äußeren Quelle, sondern von innen her. Und die Errettung vom Bösen kann nicht immer verknüpft werden mit einer äußeren Autorität wie der Gesetzgebung oder der Gesellschaftsordnung. Sie muss vielmehr im Herzen eines Menschen beginnen. Wenn wir also beten, dass wir nicht in Versuchung geführt werden, der Versuchung nicht nachgeben, mit der Versuchung nicht herumspielen, dann ist das in Wirklichkeit ein Gebet um die Befreiung unseres Herzens von der Liebe zum Bösen. Diesen Teil des Vaterunsers betet die verfolgte Kirche am häufigsten für Gemeinden und Christen in der westlichen Welt. Ein chinesischer Pastor hat es so ausgedrückt:

„Wir beten für euch, weil ihr mit einer Herausforderung zu kämpfen habt, die nicht vergleichbar ist mit äußerer Verfolgung. Materialismus und die tückischen Angriffe des Feindes von innen zehren oft mehr an den Kräften des einzelnen Christen und der Gemeinde Jesu im Ganzen als die Angriffe von außen."

Natürlich hat er Recht. Wenn wir Angriffe von außen erleben wie bei den tragischen Ereignissen am 11. September 2001, dann werden wir wachgerüttelt und geben uns gegenseitig Kraft. Aber ein innerer Feind ist viel tückischer. Die Segnungen unserer Zivilisation können leicht zu Schwachstellen werden, weil sie uns ablenken können. Materialismus, Wohlstandsdenken und all die anderen Dinge, die sich in die Gemeinde Jesu in Amerika einschleichen und Entzweiung verursachen, sind viel schwerer zu bekämpfen, weil sie scheinbar so natürlich und normal sind.

Tägliche Hingabe an Gott

Das Vaterunser ist schon immer als Morgengebet verstanden worden und kann als solches täglich gesprochen werden. Wenn wir also beten: „Rette mich von dem Bösen", dann bedeutet das: „Rette mich *heute* von dem Bösen". Und das gilt schon seit 1. Mose 3,15, als Gott sagte, dass es eine ständige Feindschaft geben werde zwischen denjenigen, die Satan nachlaufen und denjenigen, die Gott nachfolgen. Und diese Feindschaft, bei der die Gegenseite weiß, wer wir sind und uns deshalb nicht mag, setzt voraus, dass unsere nach außen erkennbare Gerechtigkeit uns zu Zielen der Ungerechtigkeit macht.

Wenn wir gedankenlos beten: „Rette uns von dem Bösen", dann übersehen wir, dass diese Bitte für uns ein Weckruf ist, so auffallend gerecht zu sein, dass die bösen Mächte dieser Welt uns hassen und alles Erdenkliche tun, um uns zu unterminieren. Allein aufgrund unseres Verhaltens könnte es schwierig sein, den Unterschied zu erkennen zwischen denjenigen von uns, die Jesus Christus kennen und denjenigen, die ihn nicht kennen.

Jesus sagte: „Und ihr werdet gehasst werden von jedermann um meines Namens willen“ (Mt 10,22). Nur wenige Menschen würden bestreiten wollen, dass Jünger Jesu heute in vielen Regionen der Welt unbeliebt sind. Aber leider besteht diese Feindschaft nur selten zu Recht.

Die verfolgte Gemeinde Jesu ist eine Gemeinde, die täglich die Erhörung der Bitte „rette uns vor dem Bösen“ erlebt. Sie ist eine Gemeinde, die tägliche Gemeinschaft mit Gott braucht. Diese Christen sind ausschließlich von Gott abhängig, wenn es um ihr tägliches Brot und ihre tägliche Rettung vor dem Bösen geht.

In Wirklichkeit ist diese Bitte ein Gebet um die Befreiung unseres Herzens von der Liebe zum Bösen.

Gott wünscht sich ständigen Kontakt zu uns, damit er täglich seinen Willen in unseren hineinlegen kann.

In gewisser Weise sind wir im Westen zu Wochenend-Gemeinden geworden, hauptsächlich für eineinhalb Stunden am Wochenende, die Zeiten für den Hin- und Rückweg nicht mitgerechnet. Und weil wir uns an unsere auf einmal wöchentlich beschränkten Episoden unserer Erfahrung mit Gott gewöhnt haben, sind die Chancen auf die Freude an einer täglichen Gemeinschaft mit ihm wie schmelzendes Eis zerronnen. Unser Gebetsleben findet nur noch gelegentlich statt.

Aber Gott wünscht sich ständigen Kontakt zu uns, damit er

täglich seinen Willen in unseren hineinlegen kann und unseren Willen in seinen. Und doch ist dieser Gleichklang, der aus einer täglichen Abhängigkeit von Gott entsteht und der für die verfolgte Kirche wegen ihrer äußeren Umstände so normal ist, für uns nicht mehr so selbstverständlich. Gebet sollte unser Leben derart prägen, dass wir durch eine tägliche Beziehung zu Gott diesen Gleichklang erleben. Gebet sollte wie ein Trankopfer sein, das wir vor Gott ausgießen. In diesem Punkt hat uns die verfolgte Gemeinde Jesu viel voraus.

Wenn es ein Wort gibt, das unsere Gebete stark einschränkt, dann lautet es „für" anstatt „über". Wir fragen: „Wo*für* soll ich beten?" und nicht: „Wo*rüber* soll ich beten?" Hier geht es nicht um eine bloße Wortklauberei. Dieses eine Wort führt zu dem falschen Verständnis, dass es beim Gebet nur ums Bitten geht. Wir sollen unsere Bitten vor Gott bringen – so wird es uns gesagt. Also „benutzen" wir Anbetung, Sündenbekenntnis und Dank, um Gott zu „besänftigen", damit er unsere Bitten erhört. Wir wollen Gott beweisen, dass wir ihm gegenüber so treu sind wie er uns gegenüber. Aber vergegenwärtigen wir uns noch einmal die Gebete, die in der Bibel stehen. Die Psalmen Davids zum Beispiel sind der tief empfundene Schrei einer gequälten, wegen ihrer Sünde zerknirschten Seele. Gebet ist für uns eine Gelegenheit, Gott offen und ehrlich zu begegnen, in dem Bewusstsein, dass wir eigentlich kein Recht auf die Nähe zu ihm haben.

Wenn Gott uns eine Antwort auf unsere Gebete schuldig wäre, dann hätten wir das Sagen.

Gott schuldet uns gar nichts, und der Schlüssel zum Gebet als Ausdruck unserer Abhängigkeit von ihm liegt in einem neuen Verständnis darüber, wer Gott wirklich ist. Verfolgte Christen wissen, dass Gott der Einzige ist, an den sie sich wenden können, und zwar aus dem einfachen Grund, weil er ihnen nichts schuldig ist. Wenn Gott uns eine Antwort auf unsere Gebete schuldig wäre, dann hätten wir das Sagen. In Offenbarung 2 muss sich die Gemeinde in Ephesus einer traurigen Wahrheit stellen, einer Wahrheit die auch auf die Gemeinde Jesu in der westlichen Welt anwendbar ist: „Ich kenne dein Tun, deinen unermüdlichen Einsatz und deine Ausdauer. ... Du hast geduldig für mich gelitten und nicht aufgegeben. Doch den einen Vorwurf muss ich dir machen: Du hast deine Anfangsliebe vernachlässigt!“ (Offb 2,2-4; NeÜ).

Die Rückkehr zu unserer ersten Liebe erfordert Demut – in unserem Verstand und in unserer Seele – und eine Haltung des Echtseins Gott gegenüber, auch wenn wir beten: „Unser tägliches Brot gib uns *heute*. Führe uns *heute* nicht in Versuchung und errette uns von dem Bösen, das *heute* in uns ist.“ Jeder Bestandteil dieses Gebetes sollte uns daran erinnern, dass wir uns Gott mit Furcht und Zittern nähern sollten, auf den Knien, weinend und im vollen Bewusstsein all jener Dinge, die wir Christen in der westlichen Welt nur allzu schnell vergessen.

Siehe, wie gut und wie lieblich ist es,
wenn Brüder einträchtig beieinander wohnen.

Psalm 133,1

Der Christ, der bis jetzt das Vorrecht hatte, gemeinsam mit anderen Christen ein christliches Leben zu führen, sollte die Gnade Gottes aus tiefstem Herzen preisen.
Er sollte Gott auf Knien danken und erklären: Es ist Gnade, nichts als Gnade, dass wir in Gemeinschaft mit unseren christlichen Brüdern und Schwestern leben dürfen.

Dietrich Bonhoeffer

4
Gemeinschaft, Gesellschaft und Evangelisation

Trotz der vielen Vorteile, die es mit sich gebracht hat, hat das Auto einen wesentlichen Beitrag zur Verminderung des Gemeinschaftsgefühls geleistet. Und das liegt nicht nur an den hohen Kosten für Benzin und die Kfz-Versicherung. Bevor die Pferdekutsche von schnelleren und größeren Varianten der pferdelosen Automobile abgelöst wurde, waren unsere Kleinstädte und Stadtteile eigenständig. Jede Großstadt, jedes Dorf, jede Kleinstadt und auch die kleinste Siedlung hatte in der näheren Umgebung einen Lebensmittelladen, ein Eisenwarengeschäft und mindestens eine christliche Gemeinde. Wenn das Wetter es zuließ, gingen die Familien zu Fuß zum Gottesdienst, und sie kannten jeden aus ihrer Gemeinde.

Heute können wir unsere Kinder ins Auto setzen und eine Dreiviertelstunde oder mehr fahren, um uns auf die Suche nach einer passenden Gemeinde zu machen. Dort hoffen wir dann auf genau das „Erlebnis", das wir uns vorstellen, auch wenn diese Gemeinde von unserem Wohnort und unseren Nachbarn viele Kilometer entfernt ist.

Eine Lektion aus Addis Abeba

In der Hauptstadt von Äthiopien können sich nur wenige Privilegierte ein Auto leisten. Die meisten Stadtbewohner sind auf öffentliche Verkehrsmittel oder Taxis angewiesen, wenn sie zur Arbeit fahren wollen. Ihre Wohngebiete bestehen aus Hunderten von Baracken. Oft leben die Menschen Wand an Wand, und noch öfter sind sie gemeinsam unterwegs. Um den Leuten lange Anfahrtswege zu ersparen, liegen Kirchengemeinden nicht weiter als zehn Kilometer auseinander, weil diese Strecke noch bequem zu Fuß zurückgelegt werden kann. Oft sind die Entfernungen zwischen den Kirchengemeinden jedoch noch geringer. Und da die meisten Stadtbewohner in ihren Wohngebieten sehr eng zusammenleben, gehen sie auch gemeinsam zu den Gottesdiensten.

Für sie spielt sich das gesellschaftliche Leben dort ab, wo sie ihren Alltag verbringen, wo sie arbeiten, singen, spielen und sich in ihrem Zusammenleben gegenseitig helfen. Ihre Kirchengemeinde ist ein weiterer Teil dieser Lebensgemeinschaft. Hier wird alles aus dem Blickwinkel der Familie und des Gemeinschaftsgefühls gesehen. Bei der Aufführung eines Krippenspiels erwarten wir bei uns beispielsweise, dass Maria und Josef alleine und nur in Begleitung ihrer Esel nach Bethlehem reisen. Aber wenn die gleiche Szene in Äthiopien dargestellt wird, sehen wir, wie Josef und Maria von ihren Familien begleitet werden, weil es in dieser Gesellschaft für einen Mann und seine hochschwangere Frau undenkbar ist, eine Strecke von etwa 180 Kilometern alleine zurückzulegen.

Kein Wunder, dass es in der Herberge keinen Raum mehr gab.

Eine Lektion aus dem modernen Wohnungsbau

Fairerweise muss man sagen, dass dieses moderne Phänomen weit über die Gemeinde Jesu hinaus reicht und unsere ganze Gesellschaft durchdringt. Experten, die sich beispielsweise mit dem Wohnungsbau des zwanzigsten Jahrhunderts befassen, haben einen interessanten Trend entdeckt. Um die Jahrhundertwende hatten

Häuser in Amerika große Veranden an der Vorderseite und freistehende Garagen, die oft auf dem hinteren Teil des Grundstücks standen. Im Laufe der Jahrzehnte wurden die Veranden kleiner und die Garagen größer. Etwa Mitte des zwanzigsten Jahrhunderts wurde die Garage an das Haus angebaut, und die vordere Veranda verschwand.

Wenn wir heute mit dem Auto auf unser Grundstück fahren, öffnet sich das Garagentor automatisch. In der Garage angekommen, schließt sich die Tür wieder hinter uns (natürlich nachdem wir den Motor abgestellt haben, damit wir nicht an den Abgasen ersticken), und wir betreten unser Haus durch die Garage. Wir müssen niemandem draußen begegnen, wir müssen auch nicht mehr mit unseren Nachbarn reden, und wir müssen sie auch nicht mehr kennenlernen. Amerikanische Durchschnittsbürger wissen mehr über ihre Lieblingsstars aus Unterhaltungssendungen oder dem Sport als über die Familien, die neben ihnen wohnen.

Dennoch sehnen wir uns nach zwischenmenschlichen Beziehungen, weil Gott uns als Gemeinschaftswesen geschaffen hat. Aber ein echtes Gemeinschaftsgefühl ist in unserer heutigen Gesellschaft zu einem seltenen Gut geworden.

Sehnsucht nach Gemeinschaft

Viele von uns kennen den Spruch: „Liebe wächst mit der Entfernung." Aber Entfernung weckt in uns auch die Sehnsucht nach Gemeinschaft mit Menschen, die wir noch nicht einmal kennen. Zur Verdeutlichung soll uns dieses Beispiel dienen: Wenn Sie schon einmal im Ausland unterwegs waren, vor allem in einem Land oder einer Region, in der Ihre Muttersprache kaum beherrscht wird, dann wissen Sie, wie spannend die Begegnung mit jemandem „von zu Hause" ist, mit einem Mitbürger, der Ihre Sprache spricht. Und obwohl Sie vielleicht nur die Fähigkeit, sich miteinander zu verständigen, gemeinsam haben, kommt es Ihnen so vor, als ob Sie beide zu einer verschworenen Gemeinschaft gehören. Wenn Sie jedoch wieder zu Hause sind, umgeben vom beruhigenden Klang vertrauter Wörter und Ausdrücke, würden Sie diese Person bei einer Begegnung auf der Straße vielleicht gar nicht beachten.

Seltenheit erhöht den Wert, auch in zwischenmenschlichen Beziehungen.

Brücken zwischen den Generationen bauen

Wie kann also die moderne Gemeinde Jesu ein echtes Gemeinschaftsgefühl entwickeln und pflegen? Ein Gemeinschaftsgefühl entsteht aus Vertrautheit und dem Bewusstsein, etwas gemeinsam zu haben. Und in Wirklichkeit geht vieles davon zurück auf die Art, wie wir den Familienverbund verstehen.

Gemeindeleiter sprechen darüber, dass sie sich eine Mehrgenerationen-Gemeinde wünschen, aber die Gemeindemitglieder verbringen keine Zeit mit ihren Familien, während sie in einem Gottesdienst sind. In den traditionellen Gemeindemodellen gab es noch nicht einmal eine Kinderbetreuung. Man hatte den Gottesdienst, dann die Sonntagsschule und dann eine Wiederholung des Gottesdienstes. Man konnte entweder zum Gottesdienst gehen und danach in die Sonntagsschule, oder aber man ging zuerst in die Sonntagsschule und danach in den Gottesdienst. Man hatte immer nur die Wahl zwischen dem einen oder dem anderen. Deshalb war die Familie mindestens während der Hälfte der Zeit in der Gemeinde zusammen.

Weil sich viele Leute (darunter auch der Pastor) durch die Anwesenheit von Säuglingen und Kleinkindern während der Predigt gestört fühlten, bauten viele Gemeinden später einen „Mutter-und-Kind-Raum“ an mit bequemen Sitzplätzen, einem Glasfenster und Schallschutz, damit die Gemeinde ungestört sein konnte. Diese Maßnahme hat vielleicht zu mehr Ruhe und Frieden im Anbetungsraum geführt – wenn so etwas für eine Gemeinde überhaupt erstrebenswert ist – aber für die Mütter bedeutet es Höllenqualen. Deshalb kommt der Mutter-und-Kind-Raum wohl einem Raucherbereich in modernen Gemeindezentren am nächsten.

Wenn wir den Leib Jesu nach Altersbereichen aufteilen, bricht er schließlich auseinander.

Heute macht die Aufteilung in Altersgruppen nicht mehr nur bei den Säuglingen und Kleinkindern halt. Bezahlte Experten kümmern sich um Kinder jeder Altersgruppe. Es gibt Programme für Jugendliche und Projekte. Viele Gemeinden bieten sogar einen speziellen Gottesdienst für „reifere Erwachsene“ an, damit die Gottesdienstbesucher voller Freude ihre traditionellen Gemeindelieder singen können, ohne eine Massenflucht zu den Ausgangstüren zu verursachen. Aber wenn wir den Leib Jesu nach Altersbereichen aufteilen, bricht er schließlich auseinander.

Manche Gemeinden widersetzen sich diesem Trend und bieten nur noch Kinderbetreuung für Kleinkinder bis zum Alter von drei Jahren an. Die älteren Kinder und Jugendlichen bleiben vom Gemeindegesang bis zu den Bekanntmachungen im Gottesdienst, bevor sie in ihre jeweiligen Gruppen gehen. Hier steht etwas Wichtiges auf dem Spiel. Viele Kinder, sogar aus gläubigen, im Gemeindeleben aktiven Familien, haben keine Ahnung, wie es ist, in die

Gemeinde zu gehen und während des Gottesdienstes mit ihren Eltern zusammen zu sitzen. Wenn es tatsächlich ab und zu geschieht, ist es für Kinder und Eltern eine äußerst merkwürdige Erfahrung. Dieses Erlebnis wird natürlich noch seltsamer als es sein sollte, weil junge Leute an den anderen sechs Tagen der Woche ebenfalls kaum noch Zeit mit ihren Eltern verbringen. Und dieses Problem betrifft nicht nur Vereinzelte, sondern es zieht sich durch alle Gesellschaftsschichten.

In wohlhabenden Wohngegenden übernehmen Kindermädchen und Hausangestellte viele „elterliche Pflichten", und in Familien mit einem allein erziehenden Elternteil oder in Haushalten mit zwei Einkommen werden die Kinder oft sich selbst überlassen. Sogar in Familien mit einer klassischen Rollenaufteilung stellen sich bestimmte Herausforderungen. Heute treffen sich Familien oft nicht mehr zu gemeinsamen Mahlzeiten, sogar dann, wenn alle Familienmitglieder zu Hause sind. Wenn Familien aus eigenem Entschluss ein separates Leben führen – und wenn Eltern nicht genügend Zeit mit ihren Kindern verbringen – dann sind beide Seiten die Verlierer. Eltern wissen nicht, wer ihre Kinder wirklich sind, und die ständige Abwesenheit der Eltern kann es Kindern erschweren, Beziehungen zu Erwachsenen aufzubauen, oder die Kinder lernen nicht, was es bedeutet, erwachsen zu sein. Und diese Entwicklung kann langfristig weitere Folgen und Herausforderungen mit sich bringen.

In Amerika neigen Eltern eher dazu, ihre Kinder aktiv zu erziehen, wenn sie jünger sind. Je älter die Kinder werden, desto passiver werden die Eltern mit ihren erzieherischen Maßnahmen. Vielleicht liegt es auch daran, dass sie im Laufe der Jahre immer weniger Kraft zum Eingreifen haben. In China und Indien ist es genau umgekehrt. In diesen Ländern haben die Kinder große Freiräume.

Aber sobald sie im Teenageralter sind, verhalten sie sich respektvoll. Sie unterhalten sich mit Erwachsenen, und sie hören zu. Unsere Kinder werden oft zum Stillsein gezwungen, bis sie im Teenageralter sind, und dann nehmen sie sich alle Freiheiten, die ihnen vorher verweigert wurden.

Kindererziehung ist nicht auf schnellen Erfolg angelegt. Vielleicht haben deshalb die Menschen in Amerika so sehr damit zu kämpfen. Wenn die Gemeinde Jesu die Wesenszüge der modernen amerikanischen Familie übernimmt, dann beinhaltet das eigensüchtige, unreife, kurzsichtige Entscheidungen einer Ellbogen-Gesellschaft. Schlimmer noch: Christen drücken sich häufig davor, überhaupt Entscheidungen zu treffen. Sie wollen sich alle Optionen offen halten oder, um die gerne von Frauen und Männern gebrauchte Ausrede angesichts einer festen Bindung zu gebrauchen: Sie haben „Bindungsängste" in Bezug auf die Gemeinde Jesu. Schon bevor sie sich für einen Ehepartner und die Gründung einer Familie entscheiden, verraten sie diese Haltung durch ihre Verhaltensmuster. So besuchen sie den Gottesdienst in einer Gemeinde, gehören in einer anderen Gemeinde zu einer Kleingruppe und testen in einer dritten Gemeinde mal diesen tollen neuen „Single-Treff" aus.

Manchmal scheinen christliche Eltern bloß Spiegelbilder zu sein von Menschen, die Jesus nicht nachfolgen.

Und wenn sie dann verheiratet sind und Familie haben, wie gestalten Väter und Mütter ihre Freizeit? Väter unternehmen oft etwas mit ihren Freunden anstatt mit ihren Kindern. Mütter stellen die Familie manchmal „auf Autopilot" und bestehen auf einem wöchentlichen „Frauenabend". Manchmal scheinen christliche

Eltern bloß Spiegelbilder zu sein von Menschen, die Jesus nicht nachfolgen. Es liegt teilweise an diesem verwirrenden Verhalten, dass die Kinder oft jede Möglichkeit nutzen, dem Elternhaus zu entfliehen und mit ihren Freunden herumzuhängen. Wenn sie nicht aufpassen, könnten diese Eltern so enden wie der Vater in dem Song „Cat's in the Cradle" von Harry Chapin. In diesem Lied geht es um einen Mann, der nie Zeit hat für seinen Sohn, bis er zu spät erkennt, was er mit seinem Verhalten angerichtet hat.

Auf diesem Gebiet haben kleine Gemeinden einen erkennbaren Vorteil. Wie die überwältigende Mehrheit der Hausgemeinden in der verfolgten Kirche verbringen sie viel Zeit miteinander, auch bei gemeinsamen Mahlzeiten. Das geschieht oft, weil sie gern zusammen sind, aber auch, weil es mitunter schwieriger ist, sich in einer kleinen Gemeinde hinter der Anonymität zu verstecken. Wenn nur sechzehn Familien den Gottesdienst besuchen, wird jede neue Familie sofort bemerkt – und mit offenen Armen aufgenommen, ob die Leute das nun wollen oder nicht.

Leider wird die weltweite verfolgte Gemeinde Jesu von unserem westlichen Denken nachteilig beeinflusst. Wir reisen ins Ausland und erzählen den Pastoren dort, dass sie ein Gebäude bauen müssen (wenn sie können), mit einem Raum für Erwachsene und einem für Kinder, und dass sie mit einem Kinderprogramm beginnen sollen. Auch wenn wir es gut meinen, scheint unsere Strategie eher „teile und herrsche" zu lauten als „baue auf".

Weil sie geprägt ist von ihrem gesellschaftlichen und kulturellen Umfeld, weil ihr die erforderlichen finanziellen Mittel fehlen und weil sie das Sein dem Tun vorzieht, ist die verfolgte Kirche bereits eine Mehrgenerationen-Kirche – also etwas, was wir in der westlichen Welt anzustreben behaupten –, und man sollte ihr auch erlauben, so zu bleiben, wie sie ist. Ihre Kinder kennen keine andere Art zu leben. Ihre gesamte Lebenserfahrung ist generationsübergreifend. Sie wachsen nicht auf mit der Erwartung, dass man sie unterhalten sollte, sondern sie haben einfach Anteil am Leben aller anderen.

Selbst wenn wir in unseren Gemeinden Brücken zueinander bauen, sollten wir unsere zwischenmenschlichen Beziehungen zielgerichtet gestalten. Es ist ein guter Anfang, Kontakte zu pflegen, gerade in der westlichen Welt, aber wir sollten darauf achten, es nicht nur bei gesellschaftlichen Zusammenkünften zu belassen. Wir sollten dem Beispiel der Urgemeinde folgen, wenn wir wahre Einheit zum Ausdruck bringen wollen, schreibt ein christlicher Autor:

> Es gibt einen grundlegenden Unterschied zwischen der Gemeinschaft von Christen und christlicher Gemeinschaft. Allzu oft kommen wir als Christen zu gemeinsamen Unternehmungen zusammen – wir spielen Volleyball, wir feiern Feste, treffen uns zum Tee, zu Veranstaltungen, Empfängen und Ähnlichem. Oder wir kommen zusammen und reden über Autos und Sportereignisse und Kinder und Klamotten und das Wetter und den Kindergottesdienst, und wenn wir auseinander gehen, haben wir geredet und gelacht und uns amüsiert. (Aber) es dient nicht der Vertiefung der Gemeinschaft, wenn wir solche Aktivitäten vervielfachen. Diese Dinge sind nicht Ausdrucksformen der Einheit, sondern Einheit findet ihren Ausdruck im gemeinsamen Studium des Wortes Gottes, im Feiern des Herrenmahls und im Gebet. Wir sollten häufiger zusammenkommen, um miteinander das zu tun, was unserem gemeinsamen Leben wirklich Ausdruck verleiht.[1]

Wir sollten unser Zusammensein dazu nutzen, um gemeinsam im Glauben zu wachsen und nicht um bloß unsere Kontakte zu pflegen.

Eine Theologie der Gemeinschaft

Über das Neue Testament sind etwa vierzig Anweisungen über das „Einander" verstreut. Die Apostel Paulus, Jakobus, Petrus und Johannes schreiben darüber, wie man am besten ein Leben in Gemeinschaft führt. Diese Texte durchlaufen das gesamte Spektrum von der positiven Bestärkung bis hin zur unverblümten Ermahnung. Zur Veranschaulichung folgen ein paar Beispiele. „Seid niemand irgendetwas schuldig, als nur *einander* zu lieben!" (Röm 13,8); „Ordnet euch *einander* unter in der Furcht Christi" (Eph 5,21); „lehrt und ermahnt *einander*" (Kol 3,16; Schla 2000); „Seid gastfrei unter*einander*, ohne zu murren" (1Petr 4,9; NeÜ) und „Redet nicht schlecht über*einander*" (Jak 4,11).

Wenn wir auf der Basis dieser Texte eine Theologie der Gemeinschaft aufbauen, wird uns bewusst, dass es im Plan Gottes über unser Verhalten in der Gesellschaft immer um das *Einander* geht. Die verfolgte Kirche hat dieses Prinzip begriffen. Ihre Gemeinschaft von Christen ist oft der einzige Ort, an den sie sich wenden können, wenn sie Hilfe und Unterstützung brauchen. Aber genau hier liegt das Dilemma für die Gemeinde Jesu in Amerika und der westlichen Welt. Denn wenn man diese Anweisungen über das *Einander* wirklich in die Praxis umsetzen will, muss man erst einmal das *Einander* leben. Man muss zusammen sein, auch in Situationen, denen man nicht entfliehen kann.

„Ertragt *einander* und vergebt euch gegenseitig, wenn einer Klage gegen den anderen hat" (Kol 3,13). Diese Ermahnung setzt zum Beispiel voraus, dass wir in unseren Gemeinden Beziehungen zu Menschen haben, die uns auch aus der Fassung bringen können. Aber wenn wir solche Personen nicht sehen oder nicht mit ihnen regelmäßig zusammen sind, dann wird dieser Text für uns gegenstandslos. Oder werden wir ein bisschen konkreter: Wenn wir uns ganz einfach von unserem Ehepartner scheiden lassen oder wenn wir zur Arbeit gehen und unsere Kinder in die Obhut fremder Menschen geben können, dann gibt es hier kein *Einander*, aber auch keinen Raum, in dem wir weiter wachsen und lernen können.

Dietrich Bonhoeffer, der von den Nazis ermordete evangelische Theologe, wusste eine Menge über Verfolgung. Er erklärt, warum Gott uns in einer christlichen Gemeinschaft neben schwierige Brüder und Schwestern stellen will.

> Unsere Gemeinschaft miteinander besteht allein in dem, was Christus für uns beide getan hat. ... Je echter und tiefer unsere Gemeinschaft wird, desto stärker wird alles andere zwischen uns zurücktreten. ... Wenn wir nicht täglich danken für die christliche Gemeinschaft, in die wir gestellt worden sind, auch wenn es dort kein großes Erleben gibt, keine erkennbaren Reichtümer, sondern viel Schwachheit, Kleinglaube und Schwierigkeiten ... dann hindern wir Gott daran, unsere Gemeinschaft wachsen zu lassen nach dem Maß und den Reichtümern, die in Jesus Christus für uns alle da sind. ... Christliche Bruderschaft ist nicht ein Ideal, das wir verwirklichen müssen; sie ist vielmehr eine von Gott in Christus geschaffene Realität, an der wir teilhaben dürfen.[2]

Rastlosigkeit als Teil unseres Wesens

Dieser Aspekt unserer Gesellschaft beeinflusst unsere gesamte Geisteshaltung über ein gemeinsames Leben. In unserem westlichen Kulturkreis werden wir buchstäblich zur Rastlosigkeit erzogen. Auf einen einfachen Nenner gebracht ist es gleichgültig, was wir tun oder wo wir uns befinden, denn wir wissen, dass wir immer die Möglichkeit haben, wegzugehen. Diese Möglichkeit gehört zu unseren unveräußerlichen Rechten. Aber in der verfolgten Kirche wissen die Menschen, dass sie aller Wahrscheinlichkeit nach niemals weiter als einen halben Kilometer von ihrem Geburtsort entfernt wohnen werden.

Wenn wir aber am nächsten Wochenende bloß ins Auto steigen und zu einer anderen Gemeinde zu fahren brauchen, wenn wir unsere Sachen packen und in einen anderen Teil des Landes umziehen können, falls wir es wollen oder müssen, dann hat dieses Bewusstsein der Rastlosigkeit große Auswirkungen auf unseren Umgang mit Gemeinschaft und Verpflichtungen in zwischenmenschlichen Beziehungen.

Wenn es hart auf hart kommt, können die Schwächeren einfach in ihr Auto steigen und wegfahren.

Diese Rastlosigkeit beruht vielleicht auch auf unserer Unfähigkeit zu erkennen oder, um es präziser und offener auszudrücken, zu überprüfen, welche positiven Folgen es haben kann, wenn wir in schwierigen Zeiten am Leben in Gemeinschaft festhalten oder auch die harte Arbeit der Kindererziehung leisten. Wie die Menschen in dem kulturellen Umfeld, dessen Spiegelbilder wir so oft sind, sind wir süchtig nach greifbaren Erfolgen geworden. Vieles, was wir tun, ist ergebnisorientiert.

Wenn Sie in Amerika zu einer Feier oder Veranstaltung gehen, stellt man Ihnen zu allererst die Frage: „Was machen Sie beruflich?“ Diese Denkweise hat einen weit reichenden Einfluss auf die Gemeinde Jesu. Nicht nur setzen wir Aktivität mit Erfolg gleich und machen uns damit abhängig von Ergebnissen, sondern wenn das, was wir tun, zum Maßstab für unseren Erfolg oder unseren Wert als Menschen wird, dann verlieren wir an Wert, wenn wir älter werden. Hier schließt sich wieder der Kreis zu der weiter oben erörterten, unterschwellig vorhandenen Problematik der Altersdiskriminierung.

Die verfolgte Gemeinde Jesu weiß, dass eine Beziehung nicht messbar ist an einem Ergebnis oder Resultat. Zum Beispiel würde man ja auch nicht zu seinem Ehepartner gehen und sagen: „Wir wollen zu den besten Familien unserer Gemeinde gehören. Also gehen wir unsere Checkliste durch, damit wir unsere Ziele für heute erreichen.“ So etwas ist schon fast eine Parodie der Werte, die eine echte Beziehung prägen sollten.

Aber Gott fordert uns auf, in der Gemeinde und in unserer Umgebung Beziehungen zu seiner Ehre aufzubauen.

Beziehungen kontra Hilfsmittel

Genau hier liegt der Kern des Problems. Weil sich so viele unserer Bemühungen im Bereich der zwischenmenschlichen Beziehungen um Programme und die dazugehörigen Hilfsmittel drehen, stellen wir uns schnell die Frage: „Wie haben wir die uns zur Verfügung stehenden Mittel genutzt, um ein wichtiges Ziel zu erreichen?“ Diese Frage ist durchaus berechtigt. Aber zwischenmenschliche Beziehungen und Hilfsmittel sind zwei ganz unterschiedliche Dinge. Wenn es an den nötigen Mitteln mangelt, wie so oft in der verfolgten Kirche, dann macht man sich auch keine Sorgen über Ergebnisse oder Erfolge.

In der Untergrundkirche in China gibt es zum Beispiel nicht die Wahlmöglichkeiten, die wir in der westlichen Welt haben. Die Christen im Untergrund haben so gut wie nie eine Wahl, und sie müssen sich auf Beziehungen und die Gemeinschaft der Gläubigen stützen, um jeden einzelnen Tag zu überstehen. Aber weil wir im Westen diese Wahlmöglichkeiten haben, stellt sich uns zwangsläufig die Frage: „Worauf müssten wir verzichten, wenn wir echte Gemeinschaft leben wollen?" Es ergibt keinen Sinn, einfach alle uns zur Verfügung stehenden Mittel aufzugeben, weil Gott sie trotz allem nutzt. Eine große Gemeinde mit fünfundachtzig *Mitarbeitern* kann Familien und dem Gemeinwesen ganz andere Dienste anbieten als eine Gemeinde mit fünfundachtzig *Gottesdienstbesuchern.* Dem können wir nur zustimmen.

Ein geflügeltes Wort unter Christen in Afrika fasst diese Herausforderung so zusammen: „In Amerika habt ihr Armbanduhren. Wir hier haben Zeit."

Wenn wir also etwas verändern wollen, sollten wir damit beginnen, wechselseitige Beziehungen zu verbessern. Die verfolgte Kirche versteht, worum es bei wechselseitigen Beziehungen oder gegenseitiger Abhängigkeit geht, denn die Gemeinden dort haben so gut wie keine andere Unterstützungsstruktur. Wenn ein verfolgter Christ sagt: „Bittet betet für mich, meine Eltern wollen mich rausschmeißen", dann bittet er seine Gemeinde tatsächlich um sofortige Gebetsunterstützung und nicht um ein halbherziges Versprechen, irgendwann für diese schlimme Situation zu beten, wenn man zufällig gerade daran denkt.

Es handelt sich vielleicht um ein extremes Beispiel, aber solche

Situationen gibt es häufig in der verfolgten Gemeinde Jesu. Christen leben täglich mit dem Risiko, entweder von einem Familienmitglied oder von jemand anderem entdeckt zu werden. In China decken Christen einen Tisch und dekorieren ihn so, als ob sie einen Geburtstag feiern, nur damit sie sich öffentlich versammeln können. Für uns Bewohner der westlichen Welt ist es unvorstellbar, solche Tricks anzuwenden, bloß um sich zum Gottesdienst zu treffen. Aber wenn wir zu einer Gemeinschaft gehören und wir von ihr abhängig sind, sind wir auch zu Risiken bereit, an die wir vorher nie gedacht hätten. Und auch hier spielen Beziehungen eine weitaus größere Rolle als die vorhandenen Hilfsmittel.

Das einzige Mittel, über das die verfolgte Kirche in einem größeren Ausmaß verfügt, ist Zeit. Offenbar haben verfolgte Christen genauso viele Stunden zur Verfügung wie wir im westlichen Kulturkreis, aber wir füllen unseren Terminkalender immer bis zur Schmerzgrenze. Ein geflügeltes Wort unter Christen in Afrika fasst diese Herausforderung sehr treffend zusammen: „In Amerika habt ihr Armbanduhren. Wir hier haben Zeit."

Manchmal sind sich jedoch auch Amerikaner der Notwendigkeit bewusst, die Dinge langsamer anzugehen, der Hektik des Alltags zu entfliehen. Wenn sie Urlaub machen, wählen sie oft zwischen zwei Extremen. Entweder sie fahren zu einer luxuriösen Ferienanlage, um dort für ein paar Tage einen Lebensstil zu genießen, den sie sich normalerweise nicht leisten können. Oder sie entscheiden sich für das genaue Gegenteil und wollen zurück zum einfachen Leben. Wenn man die erste Variante wählt, kann das zwar erholsam sein, aber den Neid wecken auf das, was man normalerweise nicht hat. Eine Rückkehr zum Einfachen kann dagegen zufriedener machen. In unserem Leben spüren wir sie wie ein Echo, diese Sehnsucht nach einer einfachen, die Seele zufrieden stellenden, unkomplizierten Beziehung. Manchmal bekommen wir eine Ahnung davon, wenn wir mit unserer Familie oder guten Freunden ein entspanntes Zusammensein erleben. Dann haben wir das gleiche Gefühl wie nach einer guten Mahlzeit. Dieses Gefühl ist ein schwacher Nachklang des ursprünglichen Bildes, nach dem Gott uns geschaffen hat.

Es ist überraschend, aber angesichts aller Herausforderungen ... hat die verfolgte Kirche diesen Zustand innerer Zufriedenheit erreicht.

Wenn man uns ein Wahrheitsserum spritzen würde, würden wir vielleicht zugeben, dass in diesen friedlichen Augenblicken, wenn die Zeit stehen zu bleiben scheint, wenn wir uns mit unseren Glaubensgeschwistern tief verbunden fühlen, Gott am Wirken ist. Es ist überraschend, wie angesichts aller Herausforderungen und schmerzlicher Erfahrungen die Christen in der verfolgten Kirche diesen Zustand innerer Zufriedenheit erreichen. Das ist die vielleicht erstaunlichste Lektion, die wir von der verfolgten Gemeinde Jesu lernen können. Das Beispiel dieser Christen, wie sie unter Druck und unter Schmerzen diese Ruhe und Stärke ausstrahlen, sollte uns anspornen, inne zu halten und das Tempo herauszunehmen aus dem, was wir tun.

Stellen Sie sich einmal vor, wie Sie reagieren, wenn etwas Schlimmes, Schmerzhaftes geschieht. Sie unterbrechen natürlich sofort, womit Sie gerade beschäftigt sind. Stimmt das? Wenn Sie draußen joggen oder walken und Ihr Knie versagt seinen Dienst, müssen Sie innehalten. Der Schmerz zwingt Sie dazu und sie werden sich nur noch vorsichtig vorwärtsbewegen. Auf ähnliche Weise verfahren die Christen in der verfolgten Gemeinde Jesu. Wenn

Schmerz und Leid gehäuft auftreten, entschließen sie sich, in einem anderen Tempo weiterzuleben, einem Tempo, das dem ursprünglichen Willen Gottes für unser Leben viel näher kommt.

Im Gegensatz dazu betäuben wir in der westlichen Welt diesen Schmerz mit einer Vielfalt von Schmerzmitteln. Wir wollen so schnell wie möglich den Schmerz hinter uns lassen, und infolge dessen entgeht uns so vieles, was Gott uns lehren möchte. Wegen einer gemäßigten Gangart im Glauben und Leben sind die Christen in der globalen Gemeinde Jesu in der Lage, die einfachen Dinge des Lebens auf eine bessere, tiefere Art und länger zu zelebrieren. Diese Dinge führen zu einem starken Zusammenhalt, zu echter Gemeinschaft.

Kompromissloser Kontakt in der Gemeinschaft

Leider können wir die Einfachheit nicht zurückholen, ohne die von der Gesellschaft im Laufe von Jahren geschaffenen „Haltegriffe" wegzuwerfen. Wenn wir versuchen, inmitten unserer schnelllebigen, erfolgsorientierten Kultur eine vollkommen „andere" Gemeinschaft zu entwickeln, gehen wir das Risiko ein, wie eine sektenähnliche Gruppierung zu erscheinen (oder sogar zu werden). Aber weil Gott die Gemeinschaft von Christen nicht als exklusiven Klub, sondern als offene Gruppe geplant hat, die für unsere nicht gläubigen Nachbarn da ist, sollten wir Wege finden, wie wir unser Leben vereinfachen können, ohne unsere Arbeit in unserem Umfeld zu erschweren.

Pastoren predigen gerne über Apostelgeschichte 2, weil dieser Text ein so lebendiges Bild von einer Gemeinde vermittelt, die wirklich verstanden hat, was ein Leben in Gemeinschaft bedeutet. Jeder verkaufte seinen Grundbesitz, und alles wurde gleichmäßig unter allen aufgeteilt. Aber seltener wählen sie den Text im 2. Korintherbrief (zumindest nicht am selben Wochenende) und sprechen darüber, was später geschah, als der Apostel Paulus bei seinen Reisen in allen Gemeinden außerhalb Israels Spenden für die Unterstützung der Gläubigen in Jerusalem sammelte. Weil sie alles verkauft hatten, was sie besaßen, brauchten sie nunmehr die Unterstützung anderer Christen.

Gott will nicht, dass wir die Uhr zurückdrehen und wie die Gemeinde des ersten Jahrhunderts werden, denn wir sind nicht dazu aufgefordert, ihrem Beispiel zu folgen. Gott will vielmehr aus uns eine liebevolle, warmherzige, gemeinschaftsorientierte Gemeinde des einundzwanzigsten Jahrhunderts machen. Er will, dass wir heute für unsere Nachbarn Salz und Licht sind. Damit es seine Wirkung entfalten kann, muss Salz eine Verbindung eingehen mit dem, was es konservieren soll, aber es darf seine Würzkraft nicht verlieren. Wir müssen deshalb bereit sein zu kompromisslosem Kontakt. Dieses Gleichgewicht sollten wir heute anstreben, aber es bedeutet auch eine große Herausforderung für uns, die Spannung zwischen Kontakt und Kompromiss auszuhalten.

Wenn wir keinen Kontakt zu den Menschen in unserem Umfeld haben, isolieren wir uns und werden zu Extremisten, die nichts zu tun haben wollen mit Andersdenkenden und die keine Freundschaften mit Nichtgläubigen pflegen dürfen. Aber wenn wir keinen Kontakt zu Nichtgläubigen haben, wie können wir dann Menschen in die Gemeinde Gottes bringen?

Wenn wir andererseits ausschließlich Kontakt zu Nichtgläubigen pflegen und vollständig in ihre Welt eintauchen, gehen wir das Risiko ein, dass in unserem Leben die Kompromisse überhand nehmen. Manche christliche Gemeinden und auch Christen wollen unbedingt die Welt beeinflussen und nivellieren dabei die wichtigen Unterschiede, die zwischen ihnen und der Welt bestehen. Wir mögen dann versuchen, den Standpunkt unserer nichtgläubigen Freunde in zentralen Streitpunkten zu Ethik und Moral zu verändern, oder geneigt sein, uns aus den falschen Gründen politisch zu engagieren. Vielleicht lernen wir auch, die Dinge wert zu schätzen, die nur mit Geld und Einfluss zu haben sind, weil wir diese Dinge genießen. Aber je mehr wir der Welt ähnlicher werden, der Welt, die wir versuchen zu erreichen, desto weniger werden wir fähig sein, die Botschaft zu verkünden, dass Gott uns für unser Leben etwas anderes anbietet.

Manchmal hört man auch das Argument, wir könnten eine Brücke zur nichtgläubigen Welt bauen, wenn wir den Lebensstil unseres kulturellen Umfelds übernehmen. Aber in den letzten Jahrhunderten haben die Ideen, die theologischen Auffassungen, die Neigungen und bevorzugten Lebensweisen von Nichtgläubigen die Gemeinde Jesu viel stärker beeinflusst als umgekehrt.

„**In der westlichen Welt** werden wir nicht verfolgt, sondern eingeschüchtert.“

Anders ausgedrückt haben wir vielleicht eine Brücke zur nichtgläubigen Welt entdeckt, aber der Verkehr darauf verläuft meistens nur in einer Richtung. Wenn wir ganz ehrlich sind, dann ist unser gesellschaftliches Umfeld uns nicht feindlich gesonnen. Selbst wenn es sich am aggressivsten gebärdet, ist es nicht sehr feindselig. Bruder Andrew, der Gründer von Open Doors, hat es einmal so auf den Punkt gebracht: „In der westlichen Welt“, sagt er, „werden wir nicht verfolgt, sondern eingeschüchtert.“ Die verfolgte Kirche dagegen erlebt Tag für Tag ein feindselig gesonnenes gesellschaftliches Umfeld, und diese Christen machen sich keine Gedanken darüber, wie sie diesem Umfeld gefallen können. Sie geben dem Druck der Anpassung nicht nach. Sie glauben, dass sie aus dieser Welt errettet sind. Warum sollten sie also dorthin zurückgehen?

Wenn jedoch jeder echte – und nicht gefühlte – Druck vom gesellschaftlichen Umfeld fehlt, wiegt sich die Gemeinde Jesu in der westlichen Welt möglicherweise in einer falschen Sicherheit, und wir Christen lassen uns allmählich von unserem Umfeld prägen. Manchmal geschieht das, ohne dass wir es merken. So besagt zum Beispiel das Prinzip einer „evolutionären Hermeneutik" auf die Bibel bezogen, dass die Bibel sich genauso entwickelt hat wie die menschliche Zivilisation und im Laufe dieser Entwicklung immer komplexer wird. Die Befürworter dieser Auffassung führen Beispiele an wie die Sklaverei und die Polygamie, die auch in der Gemeinde Jesu anfangs akzeptiert wurden, heute aber nicht mehr. Daraus schließen sie dann (um nur ein Beispiel zu nennen) auf die sich wandelnde Rolle der Frau, stützen sich aber auf eine falsche Auslegung von Epheser 5, dem Text, der angeblich die Unterdrückung der Frau befürwortet.

Auslegungsmethoden wie diese gewinnen in christlichen Kreisen an Boden, weil die Gemeinde Jesu in Amerika (und der übrigen westlichen Welt) den Eindruck vermitteln will, dass sie sich mit der gesellschaftlichen Entwicklung im Einklang befindet. Wir wollen nicht als solche erscheinen, die den Hass der Gesellschaft auf sich ziehen wollen. Diese Haltung ist vergleichbar mit der eines Schülers aus der siebten Klasse. Er hat ein weißes T-Shirt an, aber als er in die Schule kommt, sieht er, dass alle seine Mitschüler blaue T-Shirts tragen. Bei seiner Rückkehr nach Hause bittet er seine Mutter, sie solle ihm ein blaues T-Shirt kaufen, weil er sich in die Gruppe einfügen will. Ähnliches tun wir Christen in der westlichen Welt, und es geschieht immer häufiger. Es ist natürlich vollkommen in Ordnung, ein blaues T-Shirt zu kaufen und zu tragen, aber vielleicht liegt hinter dem Kauf dieses Kleidungsstücks ein bestimmtes Motiv. Im Zwielicht eines unterschwelligen gesellschaftlichen Einflusses sollte die wichtigste Frage deshalb nicht mit „was" beginnen, sondern mit „warum". Diese Verunsicherung hat ihre Ursache in der Art, wie wir die Bibel studieren und für uns annehmen. Die verfolgte Gemeinde Jesu hat nicht die vorrangige Absicht, sich an ihr gesellschaftliches Umfeld anzupassen, um die Menschen in ihrer Umgebung zu erreichen. Stattdessen sagen verfolgte Christen: „Wir wollen das Volk des Buches sein, und deshalb wollen wir unser Leben nach dem Buch ausrichten. Wir glauben, dass Gott die Menschen um uns herum erretten wird, und zwar durch unser Zeugnis und das Evangelium – und nicht, weil wir uns fragen, ob wir blaue oder weiße T-Shirts tragen sollen." Und das hat damit zu tun, wie diese Christen das Wort Gottes behandeln und ehren.

Wenn wir behaupten, dass unsere Loyalität dem Reich Gottes gilt, ... wir uns aber verbiegen, um in unsere Gesellschaft zu passen, müssen wir uns laut Definition als Heuchler bezeichnen.

Allein diese Verunsicherung – und in letzter Konsequenz diese Schwäche – ist der wahre Grund, warum die Gemeinde Jesu in der westlichen Welt so empfindlich ist Bezug auf den Spott der Gesellschaft im Allgemeinen, denn sobald Menschen sich dem Reich Christi anschließen, werden sie zwangsläufig zu Fremdlingen in ihrem gesellschaftlichen Umfeld. Und sie müssen so werden. Und wenn sie dann im Einklang mit dem Reich Gottes handeln, verurteilt sie die Gesellschaft. Und das muss sie auch tun. Aber das Ganze wird zu Heuchelei, wenn Christen versuchen, ihr Handeln ihrem gesellschaftlichen Umfeld anzupassen oder der Gesellschaft erlauben, für sie die die Verhaltensregeln zu bestimmten. Wenn sie sich so verhalten, dann sagt die Gesellschaft: „Moment mal, ihr habt gesagt, dass ihr anders seid. Ich glaube nicht an euren Gott, aber ihr behauptet, dass ihr das tut. Warum handelt ihr nicht danach?“

Es ist zwar traurig, aber in solchen Momenten hat die Gesellschaft, in der wir leben, absolut Recht.

Denn wenn wir die Loyalität gegenüber dem Reich Gottes für uns beanspruchen, unser Leben aber diesem Anspruch widerspricht, wenn wir uns verbiegen, um in unser gesellschaftliches Umfeld zu passen, dann sind wir im wahrsten Sinne des Wortes Heuchler. In diesem Fall bieten wir der gegen uns gerichteten Kritik eine breite Angriffsfläche. Die Kritik, der verfolgte Christen ausgesetzt sind, steht in fast diametralem Gegensatz zu diesem Vorwurf der Heuchelei. In kommunistischen Ländern gelten sie als Konterrevolutionäre und in islamischen Regionen als Ungläubige. In Ländern, in denen Gott nicht angebetet wird, werden sie verfolgt, weil sie ihren Weg mit ihm gehen. Aber unsere Gesellschaft verurteilt uns, weil sie uns als Heuchler ansieht, als lauwarm wie die Gemeinde in Laodizea.

Wie sollen wir mit dieser Welt umgehen?

Vielleicht haben Sie schon einmal den Autoaufkleber mit der Botschaft „Wir sind nicht von dieser Welt“ gesehen. Christen verstehen das als Erinnerung daran, dass sie sich keine Schätze auf Erden sammeln sollen, und das ist eine gute Sache. Aber Nichtgläubige könnten diese Botschaft anders auffassen, nämlich so: „Eure Umwelt ist mir egal, und auch die Probleme in Staat und Gesellschaft. Diese Welt ist nicht mein Zuhause, und deshalb behandle ich diesen Planeten wie ein Hotelzimmer." Und Sie wissen ja, in welchem Zustand die Gäste oft ein Hotelzimmer verlassen.

In Amerika beschäftigt sich die junge Generation mit Fragen der „sozialen Gerechtigkeit". Daraus ist viel Gutes entstanden, in den USA und weltweit. Es gibt so viele Nöte und so viele Möglichkeiten zu helfen, vom Kampf gegen den Menschenhandel in Asien bis hin zum Brunnenbau in Afrika, der Versorgung der Menschen mit Schuhen, Moskitonetzen und Rollstühlen oder der Aus- und Weiterbildung der Einheimischen in Ländern der Dritten Welt. Mit solchen und ähnlichen Projekten können Christen deutlich zeigen, wie wir das Gebot Jesu ernst nehmen und gemeinsam mit Nichtgläubigen unseren Geschwistern weltweit in ihren Nöten zu Seite stehen. Und die Welt nimmt solche Akte christlicher Barmherzigkeit durchaus wahr.

Wenn es um den Dienst an Menschen in unserem Gemeinwesen geht, sollten wir uns vorsehen vor einer Haltung des Rückzugs und nicht denken oder sagen: „Diese Gesellschaft geht sowieso den Bach runter, und deshalb bringen wir uns hier nicht ein." Diese Einstellung könnte als Missachtung gegenüber unseren Gemeinwesen, unserer Nation und unserem Planeten angesehen werden. Manchmal drücken wir so etwas nicht mit Worten aus, aber wir zeigen es oft durch unsere Handlungsweise und durch die Art, wie unsere christlichen Gemeinden strukturiert sind.

Auch hier können wir von der verfolgten Kirche lernen, nämlich welchen Wert Prioritäten und Perspektiven haben. Verfolgte Christen leben im Hier und Jetzt. Das trifft auf alle Bereiche ihres Lebens zu, sogar auf ihre Theologie. Die verfolgte Gemeinde Jesu ist nicht so sehr daran interessiert, aus dieser Welt errettet zu werden, sondern es geht ihr eher darum, in ihrem Umfeld innerhalb dieser Welt die Liebe Gottes offenbar zu machen. Dadurch wird das Leben in dieser gefallenen Welt erträglich.

Eine Botschaft, die entfremden oder verändern kann

Der bereits verstorbene Redner und Autor Francis Schaeffer erwähnte, dass wir die Freiheit haben, die „Form" unserer christlichen Gemeinden zu verändern, aber nicht die Botschaft oder Funktion. Deshalb stehen Pastoren und Gemeinden vor der Frage: „Wie sehr sollten wir uns an unser gesellschaftliches Umfeld anpassen? Und wie sehr sollten wir uns von unserer Gesellschaft abgrenzen?" Wir haben in unseren Gemeinden gepolsterte Stühle und Klimaanlagen. Wir versuchen, einen Musikstil zu finden, der für die Menschen außerhalb der Gemeinde zugänglich ist. Wir haben die Freiheit, die äußere Form an unser Umfeld anzupassen, aber nicht die Botschaft und Funktion unserer Gemeinde. Gefährlich wird es, wenn wir die Botschaft an unser gesellschaftliches Umfeld anpassen, weil wir befürchten, die Leute vor den Kopf zu stoßen.

In einem sehr bekannten Abschnitt aus Apostelgeschichte 17 stand der Apostel Paulus vor einer Menschenmenge in Athen, dem damaligen Zentrum der antiken Kultur. Er sagte: „Denn als ich umherging und eure Heiligtümer betrachtete, fand ich auch einen Altar, an dem die Aufschrift war: Einem unbekannten Gott. Was ihr nun, ohne es zu kennen, verehrt, das verkündige ich euch" (Apg 17,23). Dann begann er, den Versammelten alles von Gott und Jesus zu erzählen, und als nächstes verkündigte er ihnen das Evangelium. Aber die Athener reagierten nicht wie die Bürger von Ninive, die damals die verspätete Botschaft des Propheten Jona an ihren König annahmen. Viele Zuhörer des Apostels Paulus machten sich über seine Botschaft von der Auferstehung der Toten lustig. Nur ein paar aus der Menge wollten mehr darüber hören, und noch weniger schlossen sich Paulus an, so wenige, dass die Apostelgeschichte sogar ihre Namen nennt.

Wir wollen diese Episode in einen modernen Rahmen versetzen. Stellen Sie sich vor, Sie sind eingeladen, vor einer Gruppe von etwa eintausend Studenten und Dozenten an einer bedeutenden Universität einen Vortrag zu halten. Sie spannen den Bogen von der Verheißung des Erlösers in 1. Mose 3,15 über die Wirkung dieser Worte im gesamten Alten Testament bis zu ihrer Erfüllung in Jesus, und der Erlösung und Rechtfertigung durch den Glauben. Am Ende Ihres Vortrags stehen 997 Zuhörer auf und verlassen mit verächtlichen Bemerkungen den Saal. Aber die drei, die zurückgeblieben sind, kommen nach vorne zu Ihnen. Jeder von ihnen sagt: „Wissen Sie, ich würde gerne mehr darüber hören."

Wäre das ein Gewinn für Sie?

Paulus sah es als Gewinn, an jenem Tag in Athen und in all den Jahren seines Dienstes. Aber auch als er sich mitten im religiösen Pluralismus des antiken Griechenlands befand, richtete er niemals einen zornigen Appell an seine Zuhörer. Stattdessen sagte er: „Ihr seid wohl wirklich religiös hier, und ich möchte euch bloß etwas von dem wahren Gott erzählen, den ihr nicht kennt." Angesichts der intellektuellen Fähigkeiten der um ihn Versammelten konnte jeder verstehen, dass diese Botschaft eine klare Kampfansage war. Aber sie sollte die Menschen nicht in Wut versetzen, sondern bloß Klarheit schaffen. Und genau hier können wir leicht auf Abwege geraten.

Paulus kannte den Unterschied. Deshalb schrieb er:

> Gott aber sei Dank, der uns allezeit im Triumphzug umherführt in Christus und den Geruch seiner Erkenntnis an jedem Ort durch uns offenbart! Denn wir sind ein Wohlgeruch Christi für Gott unter denen, die gerettet werden, und unter denen, die verloren gehen; den einen ein Geruch vom Tod zum Tode, den anderen aber ein Geruch vom Leben zum Leben (2Kor 2,14-16).

Wir sollten uns fragen: „Warum sind wir hier?“ Die Antwort ist immer dieselbe. Wir sind nicht um unser selbst willen hier, sondern wir sind hier, um die Herrlichkeit Gottes zu preisen. Und manchmal wird es unseren Nachbarn vor den Kopf stoßen, wenn wir unser Leben auf dieses Ziel ausrichten.

Aber für Gott ist das in Ordnung so.

Ich ermahne nun vor allen Dingen, dass Flehen, Gebete, Fürbitten, Danksagungen getan werden für alle Menschen, für Könige und alle, die in Hoheit sind, damit wir ein ruhiges und stilles Leben führen mögen in aller Gottseligkeit und Ehrbarkeit.

1. Timotheus 2,1-2

Mut ist nicht nur einfach eine der Tugenden, sondern die Form, die jede Tugend im entscheidenden Augenblick annimmt.

C. S. Lewis

5
Der Umgang mit politischem Einfluss, Autorität und Macht

Pastor Chen (der Name wurde geändert) gehört nach wie vor zu den wichtigsten Führungsfiguren der wachsenden Hauskirchen-Bewegung in China. Heute ist er weit über Siebzig und hat mehrere Revolutionen überstanden, sowohl politischer als auch gesellschaftlicher Art. Wie man es bei einer leitenden Persönlichkeit einer vom Staat quasi als illegal erachteten Religion erwarten kann, ist sein Weg nicht leicht gewesen. Obwohl seine Mutter eine Namenschristin war, hat er jahrelang gebührenden Abstand von ihrem Glauben gehalten. Als junger Mann schloss er sein Physikstudium ab, wurde Dozent an einer führenden Universität in Peking und schloss sich der kommunistischen Partei an. Dann, zu Beginn der Kulturrevolution, wurden er und Tausende weitere Intellektuelle zur Arbeit in eine Fabrik geschickt. Dort mussten sie das „kleine rote Buch" lesen, darüber diskutieren und den Autor wie einen Gott anbeten. Es handelte sich um Mao Tse-tung.

Weil Chen von Natur aus die Dinge eher philosophisch betrachtete, kam er schon bald zu der Erkenntnis, dass Mao keine Anbetung verdiente. Er sprach mit seinen Vorgesetzten in der Fabrik und erklärte ihnen, er sei nicht mehr interessiert an diesem Personenkult. Bloß wegen dieser Worte – nicht etwa, weil er sich zu einem Glauben an etwas anderem bekannte – wurde er verhaftet.

Er saß mehrere Monate im Gefängnis. Eines Tages war er so verzweifelt, dass er auf das Dach des Gefängnisses stieg, um Selbstmord zu begehen. Als er über die niedrige Mauer klettern wollte, die das hoch über dem Gefängnishof liegende Dach umgab, hörte er eine Stimme, die klar und deutlich zu ihm sagte: „Tu das nicht. Ich habe Pläne für dich."

Als er sich umdrehte und niemanden hinter sich sah, wusste er instinktiv – wohl auch bedingt durch den Einfluss seiner Mutter – dass diese Stimme Jesus gehörte. Auf dem Dach des Gefängnisses legte er sein Leben Jesus in die Hände.

Nach Beendigung der Kulturrevolution wurde er aus der Haft entlassen. Er wurde in Peking wieder als Professor eingesetzt. In den 1970-er und 1980-er Jahren hatte er viele Gelegenheiten, von seinem Glauben an Jesus zu erzählen. Obwohl er sehr offen über seine Überzeugung sprach und unter den Studenten sehr beliebt war, zeigten nur wenige von ihnen echtes Interesse.

„Ich sprach täglich mit meinen Studenten", erinnert sich Chen, „und sie machten sich lustig über mich. ‚Ach, Chen, Sie kennen doch die Telefonnummer von Gott. Würden Sie ihn für mich anrufen?' ‚Wissen Sie, Chen, Sie sind ein toller Professor, aber Sie sind ein bisschen naiv.'"

Das Streben nach Demokratie und Religionsfreiheit in China

Gegen Ende der 1980-er Jahre brach sich die Sehnsucht dieser Studenten nach Veränderung schließlich Bahn. Sie wünschten sich mehr Demokratie, und sie glaubten an eine politische Lösung. Viele von ihnen setzten ihre Hoffnungen auf den Generalsekretär Hu Yaobang, der lange Zeit ein Befürworter schnell durchzusetzender politischer Reformen war. Aber im Januar 1987 wurde er seines

Amtes enthoben, und die Regierung zwang ihn, seine Reformpolitik in einer erniedrigenden, öffentlichen „Selbstkritik" zu verurteilen. Als er am 15. April 1989 plötzlich an einem Herzanfall starb, war dieser traurige Anlass für Studenten ein willkommener Vorwand, sich zu Massendemonstrationen zu versammeln, nicht nur, um den Tod des Politikers zu betrauern, sondern auch, um ihren Wunsch nach mehr Demokratie auszudrücken.

Studenten und Dozenten boykottierten zunächst Vorlesungen an den Universitäten. Schon bald folgten Hungerstreiks und Demonstrationen. Diese Geschehnisse führten zu einer Verkündung des Kriegsrechts am 20. Mai. Weil Tausende Demonstranten der Armee den Zugang nach Peking blockierten, erhielten die Streitkräfte schließlich am 24. Mai den Befehl zum Rückzug. Anfang Juni begannen junge Leute mit täglichen Versammlungen auf dem Platz des Himmlischen Friedens, als sichtbares Zeichen ihres schwindenden Glaubens an die Regierung. Alle Anzeichen sprachen für eine Revolution. Ähnliche Aktionen von Andersdenkenden in Deutschland und Osteuropa führten fünf Monate später zum Fall der Berliner Mauer. Vielleicht ließen sich Studenten von der Zentralen Akademie der Künste von diesen Beispielen inspirieren, als sie eine selbst entworfene und angefertigte Skulptur der Göttin der Demokratie aufstellten. Es handelte sich dabei um eine eindeutig politische und nicht religiöse Figur.

„Chen, wir hatten Unrecht. Wir haben geglaubt, dass Politik die Antwort auf unsere Fragen ist. Erzähle uns von Gott."

Pastor Chen besuchte den Platz Anfang Juni zusammen mit ein paar von seinen Studenten. Er hat noch immer ein Foto, das ihn vor der Skulptur der Göttin der Demokratie zeigt. Das Datum auf dem Bild ist bezeichnend. Es ist der 4. Juni 1989, der Tag, an dem die Panzer heranrollten. „Die ganze Stadt war wie gelähmt", erinnert sich Chen. „Die Leute kamen von überall her, um zuzusehen und an dem Ereignis teilzuhaben. Aber sobald die Menschenmenge den Platz füllte, riegelten sie die Straßen ab und brachten die Panzer hinein."

Obwohl die genauen Zahlen der Toten und Verletzten nicht feststeht, stimmen die meisten zuverlässigen Quellen darin überein, dass an jenem schrecklichen Tag auf dem Platz des Himmlischen Friedens und in anderen Teilen von Peking Tausende Menschen starben. Pastor Chen erinnert sich noch lebhaft an dieses Ereignis, auch an das, was in den Wochen und Monaten danach passierte.

„Ein paar Tage später", erzählt er, „kamen die Studenten, die das Massaker überlebt hatten, zu mir und sagten: ‚Chen, wir hatten Unrecht. Wir haben geglaubt, dass Politik die Antwort auf unsere Fragen ist. Wir haben geglaubt, dass in der Demokratie unsere Hoffnung für die Zukunft liegt, aber jetzt wissen wir, dass das alles bedeutungslos ist. Erzähle uns von Gott.'"

„Diese jungen Intellektuellen, die von der Politik enttäuscht waren, setzten plötzlich ihr ganzes Vertrauen auf Jesus Christus. Gott nutzte diese Ernüchterung, um an den Universitäten die Hauskirchen-Bewegung in Gang zu setzen. Diese jungen Männer von damals gehören heute zu der Generation, die diese Bewegung weiterführt."

Pastor Chen hatte jahrzehntelang die Samenkörner der Wahrheit ausgestreut. Aber anstatt gegen die Machthaber in China anzutreten, wartete er geduldig, bis die politische Lösung endgültig scheiterte. Als seine Studenten ihn schließlich aufsuchten, weil sie auf der Suche nach echter Hoffnung waren, war er bereit, sie etwas Neues zu lehren.

Wenn man heute mit ihm spricht, vermittelt Chen seinen Gesprächspartnern eine umfassende Vision über die Gemeinde Jesu in China. Aber weil sein Land so riesig und so vielfältig ist, wird es immer eine Vielfalt geben, in China und in der dortigen Gemeinde Jesu. Das liegt hauptsächlich an der geografischen Beschaffenheit und Infrastruktur Chinas. Natürlich sind Großstädte und städtische Regionen aufgeschlossen für einen ungezügelten Kapitalismus und neue Formen von Religionsfreiheit, aber in den Randgebieten, den ärmeren Regionen und den weiten Flächen im Landesinneren übt die kommunistische Regierung nach wie vor eine totalitäre Herrschaft aus.

Wegen dieser Gegensätzlichkeit kann jede Diskussion über eine liberalere Politik in China zu herausfordernden Fragen und Verwirrung führen. Man kann zwar argumentieren, dass in Peking, Shanghai und anderen Großstädten eine größere Offenheit herrscht, aber wenn man nach Tibet reist und die Christen in dieser Region fragt, ob China eine liberale Demokratie ist, wird diese Frage ganz anders beantwortet. Christen in Tibet befinden sich momentan am unteren Ende der Hackordnung in dieser Region. Sie werden von jeder anderen dort lebenden Personengruppe verfolgt. In Tibet herrscht noch immer ein äußerst raues Klima, wenn man als gläubiger Christ dort überleben will.

In Tibet herrscht noch immer ein äußerst raues Klima, wenn man als gläubiger Christ dort überleben will.

Hunderte christliche Evangelisten, viele von ihnen aus ländlichen Regionen, sitzen nach wie vor in chinesischen Gefängnissen, bloß weil sie von ihrem Glauben an Jesus Christus erzählen. Noch immer werden Gottesdienste routinemäßig aufgelöst, besonders in den weit entfernt gelegenen Provinzen, denn dort kommen Vertreter der Staatsmacht mit solchen Repressalien noch immer ungestraft davon.

Ähnliches erleben verfolgte Christen in allen Regionen der Welt. Trotz aller Widrigkeiten, von Gräueltaten und Entbehrungen bis hin zur gesellschaftlichen Ächtung halten unterdrückte Christen mit erstaunlicher Geduld und täglicher Hingabe an ihrem Glauben fest. Noch verblüffender für unser westliches Denken ist es, dass sie es bereitwillig tun. Denn anders als im Iran, wo eine starke Verbindung zwischen der religiösen und der politischen Revolution besteht, unternimmt die überwiegende Mehrheit derer, die für ihren Glauben Schikanen ertragen müssen, keine ernsthaften oder organisierten Versuche, das bestehende System abzulösen. Viele sind sogar stolz darauf, Bürger ihres Landes zu sein, ähnlich wie in Amerika. Chinesische Christen haben nur den Wunsch, als gottesfürchtige Menschen in China zu leben. Sogar viele Christen in Nordkorea, dem Land, in dem sie die weltweit schlimmste Verfolgung erleiden, haben einen starken Nationalstolz.

Täglich versuchen verfolgte Christen ganz bewusst und mit der Hilfe Gottes, sich an die Prinzipien aus dem ersten Timotheusbrief zu halten, nach dem Motto: Führt ein ruhiges und stilles Leben, macht keinen Ärger, erregt keine Aufmerksamkeit, befolgt so viele Regeln wie es im Gehorsam Gott gegenüber möglich ist. Aber dieser Lebensstil führt zu einem gewaltigen Paradox, denn in den meisten Ländern, in denen Verfolgung herrscht, verstoßen Christen gegen die gültigen Gesetze, indem sie ihren Glauben an Jesus Christus bekennen. Sogar dort, wo Christen wegen ihres Glaubens nicht direkt verfolgt werden, kann das Leben für sie äußerst kompliziert sein.

Das Streben nach Religionsfreiheit in Ägypten

Ein ägyptischer Professor, der mit Mitte zwanzig zum Glauben an Jesus Christus gefunden hatte, erlebt dieses beängstigende Dilemma aus erster Hand. Wenn man in Ägypten geboren wird, erhält man eine Kennkarte, auf der die Religionszugehörigkeit auf Dauer eingeprägt wird. Ein Religionswechsel ist in diesem Land ein Verstoß gegen die geltenden Gesetze. Bei uns in der westlichen Welt wird die Religionszugehörigkeit als Privatsache, als persönliche Überzeugung, angesehen, nicht als Teil der Identität wie zum Beispiel die Abstammung von irischen oder italienischen Vorfahren. Aber in Ägypten wird die Religion mit der Identität gleichsetzt. Wenn man als Kind christlicher Eltern geboren wird, muss man immer Christ bleiben. Wenn man dagegen als Muslim geboren wird, muss man bis zum Tod auch Muslim bleiben, zumindest nach dem Gesetz.

Obwohl man in Ägypten nicht gegen Gesetze verstößt, wenn man Christ ist, ist ein Religionswechsel ein Gesetzesverstoß. Deshalb bleibt der Professor laut seiner Kennkarte ein Muslim. Als er sich in eine Christin mit einer entsprechenden Kennkarte verliebte, wurde die Lage für ihn sogar noch verzwickter. Er konnte sie nicht offiziell heiraten, weil nach dem islamischen Recht Mischehen nicht anerkannt werden. Die christliche Gemeinde, die das Paar besuchte, führte schließlich eine Trauung durch, aber die Zeremonie musste heimlich erfolgen. Jetzt haben die Kinder dieses Mannes ein noch größeres Problem. Weil sich die Religionszugehörigkeit im

Islam an der väterlichen Linie orientiert, sind sie dem Gesetz nach Muslime und haben auch muslimische Kennkarten erhalten, obwohl ihre Eltern praktizierende Christen sind.

Damit wir uns richtig verstehen: Keiner von diesen Christen würde sich beklagen, wenn die Regierung das Gesetz ändern würde. Sie wollen sich bloß nicht aktiv für eine Veränderung engagieren. Obwohl sie wissen, dass ihre Verbindung nach dem Gesetz niemals anerkannt werden wird und ihre Kinder vor ähnlichen Herausforderungen stehen werden, lassen sie sich nicht entmutigen, sondern führen ein ruhiges Leben und befolgen so viele Regeln, wie sie können, ohne dabei ihren Gehorsam Gott gegenüber aufs Spiel zu setzen.

Diese biblisch orientierte Haltung ist eine unbequeme und deutliche Botschaft an die Gemeinde Jesu in Amerika. Die Anfänge unserer Nation waren geprägt von einer Rebellion gegen die damaligen Rechtsinstanzen. Die Gründe dafür waren hauptsächlich wirtschaftlicher Natur. Wir erlebten damals Besteuerung ohne eine gewählte politische Vertretung, und wir waren darüber nicht sehr glücklich. Aber die freie Marktwirtschaft ist nicht der einzige biblische Weg auf dem Gebiet der Wirtschaft. Wenn man sich die verfolgte Kirche genauer ansieht, praktiziert die überwiegende Mehrheit der Christen dort eine Art Sozialismus. Jeder muss alles mit anderen teilen, weil diese Menschen so wenig haben. Und Kultur hängt in der Regel ab von den wirtschaftlichen Gegebenheiten, sogar im Bereich des Glaubens.

Die Grenzen politischer Macht

In unserer westlichen Gesellschaftsform halten wir den Weg über die Macht oft für die beste Möglichkeit, bestimmte Ziele zu erreichen. Deshalb nutzen wir auch gerne politische Institutionen zur Unterstützung für die Verkündigung des Evangeliums. Oder anders ausgedrückt: Wenn wir den Gesetzgeber dazu bringen können, ein Gesetz zu erlassen, das unsere Nachbarn zwingt, zu besseren Menschen oder zumindest uns ähnlich zu werden, dann wäre das eine wunderbare Sache. Aber das Ganze hat auch eine Kehrseite. Legen wir den Schwerpunkt unserer Arbeit auf die Hilfe einer äußeren Instanz wie zum Beispiel einer staatlichen Einrichtung, könnte das zu einer gewissen Nachlässigkeit in unseren zwischenmenschlichen Beziehungen führen, denn dann nehmen wir nicht mehr unsere Verantwortung wahr, von Mensch zu Mensch, auf persönlicher Ebene, auf einen Wandel hinzuarbeiten. Und es ist nun einmal so, dass in einer Demokratie bestehende Gesetze auch geändert werden können.

So haben in den 1980-er Jahren viele Konservative, darunter auch Christen, versucht, bestimmte gesellschaftliche Entwicklungen in den USA mit Hilfe der Gesetzgebung zu bekämpfen, und sie haben sich an so manchen Fronten bedeutende Siege hart erkämpft. Dann, in den ersten neunzig Tagen der Amtszeit von Bill Clinton, wurde auch die Arbeit von fast zwei Jahrzehnten durch Verfügungen des Präsidenten zunichte gemacht, vor allem bei den gesetzlichen Regelungen über den Schwangerschaftsabbruch.

Dem Apostel Paulus zufolge ist Gottes Kraft in den Schwachen mächtig. Natürlich sollen wir nicht die Schwäche wählen, sondern wir sollen erkennen, dass wir schwach sind. Paulus wurde der Stachel im Fleisch nicht gegeben, damit er schwach werden sollte, sondern damit er sich bewusst werden sollte, wie schwach er war. Aber in den USA hat uns unsere lange Erfahrung mit der Freiheit dazu verleitet zu meinen, dass es besser für das Reich Gottes ist, wenn wir in der Politik unsere Muskeln spielen lassen. Wir sollten uns jedoch die Sucht nach Macht abgewöhnen. Macht war auch in der Gemeinde des ersten Jahrhunderts bereits so etwas wie eine Droge. Aus diesem Grund hat der Apostel Paulus betont, wie die Kraft oder Macht Gottes wirkt.

Christliche Politiker sind am erfolgreichsten, wenn sie Dämme errichten; christliche Gemeinden dagegen erfüllen ihre Aufgabe am besten, wenn sie den Samen des Wortes ausstreuen.

Es ist ganz einfach. Manchmal stimmen unsere persönlichen politischen Pläne mit den Plänen Gottes überein, manchmal auch nicht. Stattdessen sollten sich Einzelne und christliche Gemeinden die entscheidende Frage stellen: „Inwiefern wird das Reich Gottes durch mein Handeln gefördert?“ Es liegt eine nicht zu unterschätzende Gefahr in einer doppelten Loyalität. Die verfolgte Kirche konzentriert sich ausschließlich auf die Mission Christi durch das Evangelium. Die meisten verfolgten Christen denken noch nicht einmal daran, auf einen Regierungswechsel hinzuarbeiten, weil sie nicht den dafür erforderlichen politischen Einfluss haben und auch niemals hatten. Die Tatsache, dass wir Christen in der westlichen Welt über einen wahrnehmbaren politischen Einfluss verfügen, kann uns die Kraft rauben, wenn wir unsere Mittel und Zeit investieren, um Missionsarbeit mit Hilfe der Parlamente zu betreiben.

In Amerika und in anderen westlichen Ländern sind christliche Politiker am erfolgreichsten, wenn sie Dämme errichten; christliche Gemeinden dagegen erfüllen ihre Aufgabe am besten, wenn sie den Samen des Wortes ausstreuen. Beide Aufgaben sind notwendig und wichtig. Christliche Politiker können vielleicht die Fluten eines negativen Wandels aufhalten, aber sie können die Gesellschaft nicht langfristig verändern. Während sie jedoch die Fluten aufhalten, könnte es für die Gemeinde Jesu leichter sein, die Samenkörner des Wortes auszustreuen.

Aber wenn die Gemeinde Jesu sich übermäßig stark politisch engagiert, gibt es niemanden mehr, der die Samenkörner ausstreut.

Der verfolgten Gemeinde Jesu ist bewusst, dass Gott das Herz eine Königs oder Diktators erreichen und verändern kann, wenn er es will. Die Ziele der verfolgten Kirche sind nicht politischer Natur. Sie beabsichtigt nicht, Demokratie und Kapitalismus weltweit voranzutreiben, sondern sie will, dass einzelne Christen von ihrem Glauben erzählen, einer nach dem anderen, ihren Nachbarn und Kollegen, die Jesus noch nicht kennen.

Arbeit an der Basis

Die Leitung der Baptistengemeinde in Santa Clarita, Kalifornien, führte vor nicht allzu langer Zeit ein Gespräch mit einem jungen Mann, der sich für die Arbeit unter Schülern beworben hatte. Im Verlauf des Bewerbungsgesprächs bat einer der Gemeindeleiter den Kandidaten, ihnen seine Vorstellungen über ein Programm für die Evangelisation unter Schülern zu erklären. Man erwartete eine Antwort wie: „Ich werde in den Schulen evangelistische Bibelkurse anbieten." Stattdessen sagte der Bewerber: „Meiner Meinung nach erreicht man die Jugendlichen am besten durch die Jugendlichen."

Eine Weile herrschte verblüfftes Schweigen.

Schließlich erwiderte einer der Gemeindeleiter: „Sie haben Recht. Ich glaube, wir haben erwartet, dass Sie diese Aufgabe übernehmen würden, aber Ihre Idee ergibt eher einen Sinn." Natürlich, denn die Antwort des Kandidaten stammt aus dem Epheserbrief, in dem Paulus den Hirten und Lehrern mitteilt, wozu sie da sind, nämlich „zur Ausrüstung der Heiligen für das Werk des Dienstes, für die Erbauung des Leibes Christi" (Eph 4,12). Wenn Hirten und Lehrer für Erwachsene aufgefordert sind, die Heiligen für das Werk des Dienstes auszurüsten, warum sollte das dann in Bezug auf die Arbeit unter Schülern anders sein? Die Basisarbeit eines Schülers, der einem anderen Schüler vom Evangelium erzählt, in einer Sprache, die beide verstehen, kann eine viel größere Wirkung haben als die evangelistische Arbeit eines Jugendmissionars.

In der verfolgten Kirche hat man die gleiche Einstellung zur Arbeit an der Basis. Viele von uns kennen den Ausspruch: „Politik ist eine ganz und gar ortsgebundene Angelegenheit." In den Regionen der Welt, in denen Menschen wegen ihres Glaubens Schikanen ausgesetzt sind und sich Gemeinden im Geheimen treffen müssen, sind sich Christen zutiefst bewusst, dass Evangelisation und das gesamte Gemeindeleben ebenfalls ortsgebundene Angelegenheiten sind. Ihnen geht es nicht um Mitgliederzahlen. Sie bitten die Regierung auch nicht, ihnen mit politischen Maßnahmen „von oben her" zu helfen. Sie machen ihre Arbeit von unten nach oben, und das jeden Tag.

Diese Einstellung ist ein erfrischendes Konzept direkt aus dem Neuen Testament, denn dabei geht es um Nächstenliebe im wahrsten Sinne des Wortes.

Und sie wissen, dass wir Christen sind,

durch unsere Liebe, nicht durch unsere Gesetze.

Bei einer Konferenz in Madrid sprach ein Missionar, der unter Muslimen arbeitet. Er beschrieb die Art, wie er und seine Mitarbeiter vorgehen. Sie knüpfen erste Kontakte in den Spiel-Cafés im Stadtzentrum der französischen Hafenstadt Marseille, denn dort treffen sich muslimische Männer – vor allem Einwanderer aus Nordafrika – beim Würfelspiel.

„Wir sind jeden Tag dort", erläuterte der Missionar. „Wir erfahren von jedem Mann den Namen. Wir üben mit ihnen unser Arabisch, und manchmal bringen wir ihnen ein bisschen Französisch bei. Aus Erfahrung wissen wir, dass man mindestens 150 Begegnungen braucht, um einen muslimischen Bekannten zum Freund zu gewinnen. Dann bitten wir Gott, dass er durch das Evangelium unsere Freunde zum Glauben führt. Wenn er das tut, arbeiten wir mit diesen neuen Gläubigen, um sie zu Jüngern zu machen, die wiederum mit ihren eigenen Leuten Kontakte knüpfen."

Die verfolgte Gemeinde Jesu wächst, aber nicht weil die Christen dort in der jeweiligen Hauptstadt an der Macht sind oder die Freiheit haben, Großevangelisationen unter freiem Himmel zu veranstalten, sondern weil ein Christ, der in einer Fabrik neben einem Nichtchristen arbeitet, eine andere Lebensqualität hat, einen Sinn und Ziel für sein Leben und eine Sichtweise, die in seinem Kollegen den Durst nach mehr wecken. Oder um es mit dem Refrain eines Liedes auszudrücken: „Sie wissen, dass wir Christen sind, durch unsere Liebe", nicht durch unsere Gesetze. Wenn wir uns zu eng mit dem Gesetzgeber verbinden, kann es für uns sehr schwierig werden, so liebevoll und barmherzig zu sein, wie Gott es von uns erwartet.

Unterdrückung in Indien – zwei Beispiele

Indien rühmt sich, das größte demokratische Land der Welt zu sein. Es steht nicht an der Spitze der Liste von Ländern, in denen die Verfolgung aus religiösen Gründen am schlimmsten ist. Dennoch dulden Politiker in manchen Bundesstaaten und Regionen dieser riesigen Nation die Diskriminierung von Christen wegen ihres Glaubens.

Dhiren Dagal ist ein zwanzig Jahre alter Einwohner des an der Ostküste Indiens gelegenen Bundesstaates Orissa. Er ist praktizierender Christ. Im August 2009 wurde seine Schneiderei während einer Welle von Gewalt nach dem Mord eines Hindu-Swamis von hinduistischen Nationalisten in Brand gesteckt und zerstört. Augenzeugen bestätigen, dass die Polizei tatenlos zugesehen hatte, während der Mob das Dorf plünderte. Obwohl sich Monate später eine Gruppe von maoistischen Marxisten zu dem Mord an dem Swami bekannte, konzentrierte sich die tage- und nächtelange Gewalt auf die kleine christliche Gemeinde in dem Ort.

Bei den Ausschreitungen verlor Dhiren viel mehr als nur ein Geschäftslokal. Als er nach vergeblichen Versuchen, das Feuer zu löschen, nach Hause rannte, erlebte er einen Albtraum. „Sie hatten meinen Mutter und meinen Vater an einem Baum gefesselt“, erzählte er. „Vor meinen Augen vergewaltigten sie meine Mutter, und dann zündeten sie meine Eltern an.“ Seine Eltern überlebten diese Folter nicht, aber Dhiren und seine Brüder konnten aus dem Dorf in den nahe gelegenen Dschungel flüchten. Dort harrten sie tagelang im Freien aus – ohne Lebensmittel, ohne medizinische Versorgung.

„Ich habe alles verloren“, sagte Dhiren. „Ich habe meine Familie und mein Zuhause verloren.“ Sein Gebetsanliegen war einfach und ergreifend zugleich. „Bitte betet, dass ich weiter ein starker Zeuge für Jesus Christus sein kann."

Wenn wir an die Lebensgeschichten von verfolgten Christen denken, dann stellen wir uns oft Menschen wie Dhiren vor, Menschen, deren Leben geprägt ist von Gewalt, Hass und Armut. Aber die Verfolgung von Kindern Gottes hat viele Gesichter. Deshalb muss auch der Kampf gegen dieses Unrecht viele Formen annehmen. Es ist interessant, dass die relativ wenigen Fälle, bei denen im Kampf gegen Verfolgung rechtliche Mittel eingesetzt werden, in angeblich demokratischen Ländern zu verzeichnen sind.

John Dayal ist ein christlicher Aktivist. Der ehemalige Journalist bei der indischen Zeitung *The Mid-Day* in Delhi wurde 2010 erneut zum Mitglied des Nationalen Rates für Integration bei der Regierung ernannt, einem Ausschuss unter dem Vorsitz des indischen Ministerpräsidenten. Er ist auch der Gründer und Generalsekretär des All India Christian Council (einer landesweiten Allianz von christlichen Gemeinden und Einrichtungen; Anm. d. Übers.). Seit mehr als vier Jahrzehnten hat Dayal Tausende individuelle und „strukturelle" Fälle von Menschenrechtsverletzungen aufgedeckt und untersucht, darunter auch Gewalt und Übergriffe insbesondere auf Minderheiten (wie Dalits, Muslime und Christen). Er engagiert sich im Kampf gegen organisierte Menschenrechtsvergehen in ganz Indien und auch über die Grenzen des Landes hinaus.

Tragischerweise betrachten Hindu-Extremisten den Religionswechsel von Dalits (die oft auch als „Unberührbare" bezeichnet werden) als zersetzenden Einfluss auf das Kastensystem und die Machtbasis der Hindus. Weil Dayal seinen Einfluss weltweit geltend macht, ist sein Leben bereits mehrmals von diesen und anderen Gruppierungen bedroht worden. Trotz dieser vielen Herausforderungen ist Dayal weiter fest entschlossen zum Kampf gegen organisierte Menschenrechtsverletzungen in ganz Indien und darüber hinaus. Obwohl er alle ihm zur Verfügung stehenden rechtlichen Mittel einsetzt, engagiert er sich auch für eine Stärkung der Beziehungen zwischen den vielen Gruppierungen in seinem Land.

Wir sind vielleicht tief bewegt und entsetzt, wenn wir Dhiren Dagals Geschichte hören, aber der tägliche Glaubenskampf von John Dayal ähnelt eher den Herausforderungen, die wir in der westlichen Welt meistern müssen. Obwohl wir nicht wie John direkte Todesdrohungen erhalten, haben wir vor allem innere Kämpfe auszufechten. Wir ärgern uns eher über den Spott anderer Menschen oder fühlen uns bedroht von gesellschaftlicher Ausgrenzung. Inzwischen geht John den Weg des Widerstandes weiter. Auch wenn die Schläge, die er erleidet, in Form von gesprochenen oder geschriebenen Worten auf ihn niederprasseln und nicht in Gestalt von Stöcken und Steinen, können sie dennoch schmerzhaft sein.

Jenseits der Grenzen von Politik

Auch in demokratischen Ländern wie Indien wählen die Verfolgten nur selten den Weg durch politische Institutionen als vorrangiges Mittel zum Bau der Gemeinde Jesu in ihrer Heimat. Wenn sich weniger als zehn Prozent der Bevölkerung mit der eigenen Religion identifizieren, hat eine Interessenvertretung auf politischer Ebene kaum spürbare Folgen. Ein Wechsel der Religionszugehörigkeit ist in Indien oft kompliziert. Christen müssen bei den Behörden einen Antrag auf die Änderung ihrer Religion stellen. Sie werden befragt, um sicherzustellen, dass sie nicht durch finanzielle oder andere Anreize zu diesem Schritt genötigt wurden. In vielen Fällen werden Christen gezwungen, ihren neuen Glauben zu widerrufen, unter dem Druck der örtlichen Behörden oder ihrer Familien. Oft werden sie misshandelt, gefoltert oder sie erhalten Todesdrohungen. Das ist eine reale Bedrohung, denn Tausende wurden allein im Jahr 2010 auf diese Art verfolgt.

Christen können nicht genügend Wählerstimmen auf sich vereinigen, um einen Religionswechsel in jeder dieser Situationen auch rechtlich zu ermöglichen, und sie erkennen auch die praktischen Nachteile eines Religionswechsels. Aber ihnen ist auch bewusst, dass eine gewisse geistliche Dynamik verloren geht, wenn man versucht, die Gesetze des Landes zu ändern. Es ist leicht, Gott aus der Gleichung herauszunehmen, obwohl es in der gesamten Gleichung nur um ihn geht.

Im Gegensatz dazu meinen wir, dass die Gemeinde Jesu in der westlichen Welt blüht und gedeiht und wir deshalb mit unserem Auftritt auf dem politischen Parkett das Werk Gottes tun. Aus diesem Denkansatz heraus kommen wir nur allzu leicht zu einer problematischen Schlussfolgerung: Wir meinen nämlich, Gott stünde hinter den „Konservativen". Unsere Logik ist nachvollziehbar. Weil Gott gegen Abtreibung ist, muss er auch die Wirtschaftspolitik der konservativen Parteien unterstützen. Aber hier zeigt sich die Schwachstelle in unserer Argumentation. Man könnte nämlich auch dafür plädieren, dass Jesus ein „Liberaler" war. Schließlich hat er eine ganze Menge Leute verköstigt, ohne dafür Geld zu nehmen.

Politisch Konservative können nur allzu leicht behaupten, ihre Gegner auf der Seite der Opposition hätten das an der Bibel orientierte Christentum aufgegeben. Aber in Wahrheit lassen sich herzensgute Menschen auf beiden Seiten vom richtigen Weg abbringen. Die verfolgte Gemeinde vermittelt uns auch in diesem Punkt eine wichtige Lehre: Wir sollten bei der Einfachheit bleiben. Wir sollten bei unseren Methoden den einzelnen Menschen im Blickfeld behalten. Dann bleiben wir viel näher an der Botschaft Jesu.

Wenn wir einem politischen Programm folgen, haben wir viele Gründe für Uneinigkeit, sogar unter uns Christen.

Wenn wir einem politischen Programm folgen, haben wir viele Gründe für Uneinigkeit, sogar unter uns Christen. Es fällt uns allzu leicht, sich in einen Konkurrenzkampf mit der „anderen Seite" zu verstricken. Wir sollten Reue empfinden, weil wir nicht genug getan haben, um dem Verfall unserer ethischen Werte und unserer Gesellschaft auf den Grund zu gehen. Zugegebenermaßen haben diejenigen, die ihr gesamtes Leben unter Verfolgung zu leiden haben, eine fatalistischere Lebenseinstellung. Lebt man in einer Gesellschaft, in der man keine Gerechtigkeit zu erwarten hat, dann macht man sich keine Gedanken über Ungerechtigkeit, so wie Fische sich keine Gedanken darüber machen, dass sie von Wasser umgeben sind. In unserer von westlichen Werten geprägten Gesellschaft meinen wir, wir könnten immer Gerechtigkeit erwarten. Deshalb haben wir damit zu kämpfen, wenn man uns ungerecht behandelt.

Aber verfolgte Christen wissen, dass sie wahre Gerechtigkeit nur im Himmel zu erwarten haben. In ihren schweren Prüfungen kommen sie viel schneller als wir zu dieser Einsicht. Wenn sie auf Ungerechtigkeit reagieren, dann fast immer mit dem Wunsch, weiter mutig für Jesus Christus Zeugnis ablegen zu können. Wir dagegen wollen zuerst die Frage nach der Gerechtigkeit beantwortet wissen, damit unsere eigenen Rechte geschützt werden.

Wie wir für Regierende beten sollen

Im ersten Timotheusbrief ermutigt der Apostel Paulus seinen jungen Freund, in Ephesus einen festen Standpunkt einzunehmen. Darüber hinaus macht er der dortigen Gemeinde Mut, für alle Menschen zu beten, auch für Könige und Regierende (1Tim 2,1-2). Die Angesprochenen gehörten allerdings zur unterdrückten Minderheit in dieser Region, und ausgerechnet sie sollten für ihre Unterdrücker beten. Die damaligen Leser des Briefes verstanden jedoch, dass Gott sie in eine gefährliche Lage bringt, dass aber ihre himmlische Mission alle Menschen umfassen sollte. Und so beteten sie für ihre Feinde und harrten auf Gott.

Wenn wir diesen Text heute lesen, stellen wir ihn oft in einen ganz anderen Zusammenhang. Unserer Auffassung nach will Gott, dass wir für die Errettung unserer Regierenden oder für das Gemeinwohl unseres Landes beten sollen, weil aus unseren Politikern bessere Menschen werden, wenn sie zum Glauben an Jesus Christus finden. Aber beten wir für sie, damit Gott in ihrem Leben die Ehre gegeben wird oder damit sie so werden wie wir? Wir sollten in unseren Gebeten darauf abzielen, dass die Mission Jesu mehr Gewicht bekommt als ein Parteiprogramm, und für Jesus Christus steht die Errettung von Seelen immer im Vordergrund.

In unseren Gemeinden beten wir öffentlich für unsere Regierung, aber manchmal schwingt in diesen Gebeten eine unterschwellige Feindseligkeit mit. Wir beten, dass die Regierungsmitglieder ihre Sache gut machen, dass Gott sie verändert, damit sie sich unserer politischen Überzeugung angleichen. Offen gesagt gibt es in der verfolgten Kirche Zeiten, in denen Christen nicht für ihre Regierung beten, sondern wehklagen, weil die Regierenden es zulassen, dass gewaltbereite Mobs ihnen so schreckliche Dinge antun. Aber diese Gebete gleichen den Worten des Psalmisten. Es sind Schmerzensschreie, die sich an einen liebenden Vater richten. Es sind Rufe nach Gerechtigkeit, aber sie enden schließlich damit, dass alles in die Hände Gottes gelegt wird.

Im Buch Daniel hat Gott das Herz von Nebukadnezar umgewandelt, aber trotzdem zerstörte der babylonische König Jerusalem. Offenbar war Gott weniger daran interessiert, ein Reich als politische Macht aufrecht zu erhalten als daran, die Herzen seines Volkes zu erreichen und zu verändern. Wir können versuchen, für unsere Ohnmacht alle möglichen Ursachen zu finden, vom Materialismus bis hin zu Zerwürfnissen zwischen christlichen Gemeinden und Konfessionen, aber die Gemeinde Jesu ist in Wirklichkeit auf die Lüge hereingefallen, dass Macht auch Einfluss mit sich bringt. Die Menschen, die in der Apostelgeschichte die ganze damalige Welt auf den Kopf stellten, hatten keinerlei politische Macht. Sie waren immer in der Minderheit. In der Apostelgeschichte liest man nie ein Gebet über die Unterdrückung durch die römischen Kaiser. Man liest nie ein Gebet, das in etwa so lautet: „Wir brauchen bessere Kaiser oder bessere Gesetze oder mehr Christen im Senat." Es wäre noch nicht einmal ein schlechtes Gebet, aber es wäre eine absolut unwirksame Strategie gewesen.

Die wahre Macht

Wie der Apostel Paulus sind auch die verfolgten Christen der festen Überzeugung, dass die Macht, die Jesus von den Toten auferweckte, größer ist als jede politische Macht. Manchmal sieht so aus, als ob die Gemeinde Jesu in der westlichen Welt dem Wirken Gottes nicht mehr vertraut. Wir vertrauen nicht der wahren Macht im Reich Gottes. Wir vertrauen der Wirkung der Verkündigung nicht mehr.

Wir setzen unser Vertrauen nicht mehr auf die Kraft des Evangeliums. Schlimmer noch: Manche in der Gemeinde Jesu haben das Evangelium zu einer ichbezogenen Botschaft gemacht, weil sie Bedenken haben, dass unsere Gemeinden bald leer stehen würden, wenn wir den Menschen tatsächlich sagen würden: „Du bist ein Sünder".

Wenn wir die Taktiken der Gemeinde Jesu in den letzten fünfundzwanzig Jahren einer objektiven Überprüfung unterziehen, dann haben wir offenbar einen Glaubenssatz übernommen, der in etwa so lautet: Wenn wir die Gesetze richtig hinbekommen, dann werden wir dem Willen Gottes entsprechend handeln und Amerika wieder zu dem Land machen, wie Gott es ursprünglich geplant hat. Aber jede Art von Annäherung zwischen der evangelikalen Bewegung und einem beliebigen politischen Programm ist problematisch, weil im Laufe der Zeit die Ethik des politischen Programms in den Mittelpunkt rücken könnte.

Wenn unsere Gemeinden angefüllt wären mit Menschen, die sich für ein umgewandeltes Leben entscheiden ... würde die Uneinigkeit in politischen Fragen an Bedeutung verlieren.

Gott will deshalb hauptsächlich durch das Herz eines Menschen wirken. Wenn unsere Gemeinden angefüllt wären mit Menschen, die sich für ein umgewandeltes Leben aus einem veränderten Herzen heraus entscheiden, Menschen, die in ihrem unmittelbaren Umfeld tätig werden, um die Gesellschaft von der Basis her zu beeinflussen und zu erleuchten, dann würde die Uneinigkeit in politischen Fragen an Bedeutung verlieren. In Zeiten der Erweckung existierten die Gefängnisse trotzdem weiter, aber sie standen leer. Denn nach großen Erweckungen begingen die Leute einfach keine Verbrechen, die eine Gefängnisstrafe erforderlich gemacht hätten. Wir brauchen nicht noch mehr Gesetze in Amerika, denn wir haben schon mehr als genug davon.

Ein alter Sinnspruch lautet in etwa so: Wenn innere Kontrollmechanismen für das Verhalten fehlen, bleiben für die Aufrechterhaltung der Zivilgesellschaft nur noch von außen auferlegte Beschränkungen zur Steuerung des Verhaltens. Oder anders ausgedrückt: Wo es an Charakterstärke mangelt, braucht man Gesetze zur Eindämmung der Bosheit. Der amerikanische Präsident John Adams erläuterte: „Diese Verfassung ist nur geeignet für ein moralisch denkendes und handelndes Volk. Für jeden anderen ist sie vollkommen ungeeignet."

Problematisch wird es jedoch, wenn Charakterstärke fast vollständig fehlt. Dann kommt es zu einer Art von Ethik, nach der „alles was legal ist, richtig ist, und was illegal ist, falsch ist". In diesem Zusammenhang ist Abtreibung in Amerika heute „richtig", weil sie legal ist. Und dann hat auch die politische Linke recht mit ihrer Aussage, dass man Moral nicht durch Gesetzgebung herbeiführen kann.

Das wohl berühmteste Gebet ist das Vaterunser, und eine zentrale Bitte aus diesem Gebet lautet: „Dein Reich komme." Wenn das Reich Gottes tatsächlich kommen würde, würden Themen wie Abtreibung an Bedeutung verlieren. Wahrheit, moralisches Denken und Handeln würden unter den Menschen die Herrschaft übernehmen, weil Gott dadurch die Ehre gegeben wird.

Ermahne die,
die nach den Maßstäben dieser Welt reich sind,
nicht überheblich zu sein und ihre Hoffnung nicht auf den unsicheren Reichtum zu setzen, sondern auf Gott. –
Denn Gott gibt uns alles reichlich, was wir brauchen,
und wir dürfen es genießen. – Sie sollen Gutes tun,
freigebig sein und ihren Besitz mit anderen teilen.

1. Timotheus 6,17-18 (NeÜ)

6
Großzügigkeit und Haushalterschaft

Ab August 2006 begann der Verfall des Simbabwe-Dollars, der offiziellen Währung von Simbabwe. Diese Entwicklung war so rapide wie bei anderen Währungen in der zweiten Hälfte des zwanzigsten Jahrhunderts. Als die Währung 1980 im Austausch gegen den Rhodesischen Dollar eingeführt wurde, hatte ein Simbabwe-Dollar (ZWD) einen Gegenwert von 1,47 US-Dollar und befand sich deshalb im internationalen Vergleich in den oberen Rängen der Währungen. Anhaltende politische Unruhen und eine Hyperinflation forderten jedoch bald ihren Tribut. Im Jahr 2006 verkündete die Regierung von Simbabwe eine Entwertung im Verhältnis von 1:1.000. Das bedeutete, dass die Bürger des Landes jetzt 1.000 ZWD für etwas zahlen mussten, was vorher einen ZWD gekostet hatte, und es wurden auch Banknoten mit einem neuen Nennwert gedruckt.

Aber die Inflation galoppierte weiter, und das Land war 2007 und 2008 zu einer erneuten Geldentwertung gezwungen, als die monatliche Inflationsrate allein im Juli 231.150.889 Prozent erreichte (das sind 231 Millionen Prozent). Im gleichen Monat war ein US-Dollar 758.530.000.000 Simbabwe-Dollar wert. Damit wir uns einen Begriff von diesen vielen Nullen machen können, sehen wir uns einmal ein konkretes Beispiel an. Im Juli 2008 konnte man einen Geldschein im Wert von einer Milliarde ZWD aus der Brieftasche ziehen und damit drei Eier kaufen. Zu Beginn des Jahres 2009 erlaubte die Zentralbank von Simbabwe die Verwendung ausländischer Währungen für Transaktionen in ihrem Land. Die stark entwertete, eigene Währung wurde ein paar Monate später „bis auf weiteres“ ausgesetzt. Der Simbabwe-Dollar verschwand von der Bildfläche.

Vor dem Beginn dieses wirtschaftlichen Verfalls galt Simbabwe als relativ gut entwickeltes Land in der Region. Trotz Bürgerkrieg und politischer Konflikte Ende der 1970-er Jahre hatten viele Bürger des Landes einen Arbeitsplatz, und manche von ihnen konnten sogar in Amerika und Europa Urlaub machen, und sie waren Mitglieder christlicher Gemeinden. Viele Bürger von Simbabwe bezeichnen sich als Christen. Die Mehrheit der Bevölkerung besucht regelmäßig Gottesdienste, und viele Menschen sind Angehörige großer christlicher Kirchen wie der Anglikanischen Kirche, der Methodistenkirche, den Siebenten-Tags-Adventisten und der römisch-katholischen Kirche. Aber nach dem Fiasko der Geldentwertung änderte sich das Leben für die meisten Bürger des Landes, außer für die relativ kleine Oberschicht. Dazu gehörte auch die Art, wie man zu den Gottesdiensten gelangte. Vor der Geldentwertung hatten viele Familien ein Fahrzeug zur Verfügung, aber danach gingen fast alle zu Fuß.

Es birgt eine gewisse Ironie in sich, aber je mehr es mit der Wirtschaft des Landes bergab ging, desto stärker wurde der Gemeinsinn. In einer kleinen christlichen Gemeinde am Rand der Hauptstadt Harare hatte diese Entwicklung eine große Wirkung, als ein Transformator durchbrannte und das ganze Stadtviertel ohne Strom war. Der Pastor der Gemeinde wusste, dass kaum Geld vorhanden war, um den Transformator zu reparieren oder durch einen neuen zu ersetzen, aber da kam ihm eine ganz besondere Idee, sozusagen eine Wiederbelebung des alten Tauschhandels. Er ging von Haus zu Haus und bat Familien um eine oder zwei Arbeitsstunden. Sie sollten einem Ingenieur aus Harare helfen, den Transformator wieder funktionsfähig zu machen. Der Vorteil für das Stadtviertel lag genauso auf der Hand wie die Alternative: keine Arbeit, kein Strom.

Der Pastor beaufsichtigte die Arbeiten, und innerhalb von ein, zwei Tagen funktionierte der Transformator wieder. Die Bewohner des Stadtviertels hatten bewiesen, dass sie zum Wohle aller etwas erreichen konnten, wenn sie zusammenarbeiteten. Die gegenseitige Abhängigkeit und das Vertrauen der Bürger zueinander in einer zunehmend schweren Zeit führten zu einem greifbaren Ergebnis.

Großzügigkeit oder: „Was mein ist, ist auch dein"

Wenn in der westlichen Welt über das Thema Großzügigkeit gesprochen wird, dreht sich die Diskussion fast immer um Geld. In Amerika sind *Großzügigkeit* und *Geld* beinahe austauschbare Begriffe. Aber in der verfolgten Gemeinde Jesu bedeutet Großzügigkeit, dass man von sich selbst etwas gibt, manchmal kann damit auch Geld gemeint sein oder jede andere Form von materiellem Besitz. Christen aus der Kirche der dritten Welt begreifen das Geben oft anders als wir es tun, aber sie sind von Grund auf großzügig. Wenn Sie zum Beispiel bei ihnen zu Hause eingeladen sind, müssen Sie zum Essen bleiben, auch wenn die Familie vielleicht nicht weiß, woher sie in der folgenden Woche die Lebensmittel nehmen sollen. Sie müssen mit ihnen das teilen, was sie haben, weil sie zur Familie gehören, zur Gemeinde, zum Leib Jesu. Für sie ist es eine Ehre, einem Gast gegenüber großzügig zu sein, genauso wie Jesus und seiner Mission gegenüber. Dieser Begriff von Großzügigkeit entspricht genau dem Geist des Spruchs: „Was mein ist, ist auch dein."

Der Apostel Paulus schreibt an Timotheus: „Ermahne die, die

nach den Maßstäben dieser Welt reich sind, nicht überheblich zu sein" (1Tim 6,17; NeÜ). Es handelt sich hier also um ein seit langem bestehendes, gesellschaftliches Problem. Damals wie heute verführen Reichtum und Besitz diejenigen, die darüber verfügen, zu dem Gedanken, sie seien von Natur aus klüger und besser als andere Menschen. Das glauben Sie nicht? Dann füllen Sie einmal einen Raum mit erfolgreichen amerikanischen Geschäftsleuten. Hören Sie zu, was diese Leute so reden. Aus ihren Gesprächen können Sie sofort entnehmen, dass die meisten von ihnen meinen, (1) sie hätten auf alle Fragen eine Antwort, (2) sie seien eher prädestiniert für den Erfolg als „normale" Menschen und (3) sie hätten ein Anrecht auf alles, was sie sich erarbeitet haben und vielleicht auf noch viel mehr.

In Matthäus 13 schildert Jesus im Gleichnis vom Sämann, wie Dornen die Samen ersticken, die auf die dritte Art von Boden fallen. Diese Dornen bezeichnet Jesus als „die Sorgen ihres Alltags und die Verlockungen des Reichtums" (V. 22; NeÜ). Und was ist die Folge davon? Der Boden wird unfruchtbar – nicht „weniger fruchtbar", sondern er bringt keinerlei Frucht. Deshalb warnt Paulus uns, unsere Hoffnung nicht auf den Reichtum zu setzen, „sondern auf Gott, der uns alles reichlich darreicht zum Genuss" (1Tim 6,17). Hier geht es darum, zu erkennen, welche Mittel wir haben, und diese klug einzusetzen, aber auch darum, uns niemals über unseren materiellen Besitz zu definieren oder uns darin sicher zu fühlen. Wir sollten immer in der Lage sein zu beten: „Herr, gib uns unser tägliches Brot *heute*", und zwar aus unserem Glauben und nicht aus der falschen Sicherheit unserer Finanzen heraus.

Der Betrug des Reichtums und die Gefahren des Konsumdenkens

Die Bibel macht überdeutlich, dass der Betrug des Reichtums zu den Hauptgefahren für unser Glaubensleben gehört. Aber wir sehen oder begreifen oft nicht, welche lähmende Wirkung ein übergroßer Wohlstand hat und wie weit er uns vom Schöpfer dieses Reichtums entfernen kann. Ironischerweise halten sich die meisten von uns nicht für reich im Sinne dieses Wortes, denn schließlich kann unser Nachbar noch „mehr" haben als wir. Aber auch hier hängt alles vom jeweiligen Blickwinkel ab. Wir können leicht behaupten, dass wir nicht genug haben, solange wir uns nicht vergegenwärtigen, wie groß die Not bei den anderen 90 Prozent der Weltbevölkerung ist. Hinter dem Betrug des Reichtums steckt jedoch Satan, der unseren Blick abwendet von den Nöten anderer und uns dazu bringt, unsere Wünsche und Sehnsüchte in ein Raster des Vergleichs zu zwingen. Viele Menschen in der westlichen Welt sind durch ein Konsumdenken geprägt, und Satan ist der Vater des Konsumdenkens. Deshalb gehört das Konsumdenken zu unseren wichtigsten gesellschaftlichen Herausforderungen.

Aber anstatt Wege zu finden, um diesen Herausforderungen zu entgehen, sollten wir sie erkennen und verstehen lernen, denn wenn wir gegen sie ankämpfen, können wir lernen, uns immer mehr mit dem Willen Gottes für unser Leben zu identifizieren. Wir sollten als Gemeinde Jesu mitten in einer konsumorientierten Nation leben und nicht eine Gemeinde sein, die vor dieser Herausforderung davonläuft. Wir sollen Salz und Licht sein, nicht Öl und Wasser. Verfolgte Christen machen weder ihre Regierung noch ihre Nachbarn schlecht, sondern sie nehmen die Herausforderung von Verfolgung und Leid auf sich und bitten Gott, beides zu benutzen, damit sie im Einklang mit seinem Willen leben können.

Konsumdenken ist genauso gefährlich

für unsere Seelen wie … Verfolgung für die Seelen von Menschen in anderen Ländern.

Wir sollten ihrem Beispiel folgen und lernen, wie man mitten in einem gefährlichen Umfeld wachsen und gedeihen kann, denn Konsumdenken ist genauso gefährlich für unsere Seelen wie religiöse oder ethnische Verfolgung für die Seelen von Menschen in anderen Ländern. Aber sie haben herausbekommen, wie man gegen diesen Druck ankämpft, während wir noch immer mit unseren Zwängen ringen. Die von uns erlebten Zwänge nehmen viele unterschiedliche Formen an, und sie beeinflussen alle Bereiche unseres Lebens als moderne Christen.

Wenn wir zum Beispiel die Oberschicht mit dem Evangelium erreichen wollen, könnten wir der Verlockung erliegen, das Evangelium so zu verdrehen, dass es nur noch zu einer weiteren „guten Sache" wird, die uns im Leben noch mehr Erfüllung bringt. Aber wenn wir das Evangelium wie eine Beigabe zu einem bereits „erfolgreichen" Leben behandeln, als eine Möglichkeit, glücklicher oder „besser" zu werden, könnten die Leute eine Ausrede haben, nicht den Weg des Glaubens zu gehen, sobald sie Jesus Christus nachfolgen. Stattdessen könnte dieser vermeintliche moralische Auftrieb manchen Menschen ein falsches Überlegenheitsgefühl vermitteln, einen „Vorsprung" für einen gesellschaftlichen Aufstieg in ihrem unmittelbaren Umfeld. Und diese Auffassung könnte der Wahrheit nicht ferner sein. Wenn wir diese Denkweise nicht korrigieren, verkaufen wir das Evangelium weit unter Wert. Der Gegensatz zu christlichen Gemeinden in anderen Ländern ist unübersehbar, denn in weiten Teilen der Welt gibt es keinen greifbaren, irdischen Vorteil, wenn man zum Glauben an Jesus Christus findet.

Im Vorstadtleben Amerikas kann der Glaube an Jesus jedoch einen großen gesellschaftlichen Gewinn bedeuten. Wenn wir Jesus Christus in unser Herz aufnehmen, haben wir plötzlich Kontakt zu einer integrierten Gruppe, die für uns da ist, wenn wir Unterstützung beim Umzug brauchen, einen Babysitter oder Hilfe bei Erziehungsproblemen. Und wir haben für die Vernetzung untereinander ein ganzes Mitgliederverzeichnis zur Verfügung. Wir bekommen eine erstaunlich gut funktionierende Organisationsstruktur praktisch zum Nulltarif. Manchmal hören wir diese unterschwellig vorhandene Ansicht sogar heraus, wenn Leute im Gottesdienst Zeugnis ablegen. Da heißt es nicht: „Ich war blind, und jetzt sehe ich" oder: „Die Sünde hat mich zerbrochen." Nein, da hören wir plötzlich: „Ich habe diese neue Sache ausprobiert, und ich fühle mich so gut. Ich liebe diese Gemeinde!" Aber wir sollten nicht zu hart mit den neu zum Glauben Gekommenen ins Gericht gehen, denn diese Botschaft ist bloß ein Echo der von vielen Gemeinden verwendeten Werbesprüche, wie: „Kommen Sie zu uns, damit Ihre Kinder Anschluss finden. Auch Sie werden hier Anschluss finden" oder: „Sehen Sie, wie glücklich und gesund die Menschen um Sie herum sind!" oder: „Kommen Sie und genießen Sie ein Leben unter dem Segen Gottes!"

Diese Konsumhaltung ... führt zu einer fast unmerklichen Verschiebung beim Ziel des Evangeliums. Es geht nicht mehr um die Ehre Gottes, sondern um die Verbesserung „meines" Lebens.

Diese Konsumhaltung, bei der sich eine immense Freiheit mit einer Vielzahl von Aspekten des Materialismus vermischt, führt zu einer fast unmerklichen Verschiebung beim Ziel des Evangeliums. Es geht nicht mehr um die Ehre Gottes, sondern um die Verbesserung „meines“ Lebens, nach dem Motto: „Komm und hole es dir!“ Obwohl sich diese Haltung in vielen Regionen der Welt zeigt, auch in Teilen Lateinamerikas und Afrikas, ist sie nach wie vor in westlichen Ländern am stärksten verbreitet. Sogar in Europa, wo die Staats- und Großkirchen eine größere Rolle spielen, ist das Wohlstandsevangelium nach amerikanischem Muster fast allgegenwärtig.

Die weltweite unterdrückte Kirche hat nur wenig oder gar nichts zu erwarten, wenn es um finanziellen Segen oder einen besseren Status im Leben geht, sondern meistens das genaue Gegenteil. Nehmen wir zum Beispiel Japan, ein Land, das man normalerweise nicht mit Verfolgung aus Glaubensgründen in Verbindung bringt. Wenn dort Menschen zum Glauben an Jesus Christus finden, werden Christen häufig von ihren Familien verstoßen, sobald sie sich taufen lassen. In Japan bekennt sich ein Christ oder eine Christin vor der Taufe nie öffentlich zu seinem oder ihrem Glauben, aus Angst vor dieser Form der gesellschaftlichen Ächtung. Die Entscheidung für Jesus Christus hat in diesem Land gravierende Folgen.

In vielen Fällen vertreten wir in der westlichen Welt die Auffassung, dass der göttliche Segen eine Art Belohnung ist. Vielleicht sprechen wir es nicht offen aus, aber es beschleicht uns manchmal so ein Gefühl, als ob Gott uns einen kleinen Bonus für unsere Mühe geben sollte, wenn wir vor einem „neuen Kunden“ eine „Präsentation“ halten müssen, oder wenn wir viel in der Bibel lesen und beten. Der Segen kommt in der von uns gewünschten Verpackung, und unser „Gehorsam“ führt zu diesem Segen.

Aber Gehorsam führt uns nicht zum Segen, sondern Gehorsam *ist* bereits ein Segen. Der Pastor und Autor John Piper hat mit diesen Worten treffend ausgedrückt: „Gott wird die größte Ehre zuteil, wenn wir die größte Zufriedenheit in ihm haben."[1]

Wann ist es leichter, großzügig zu sein?

In Lukas 21,2-4 sprach Jesus von einer Witwe und den Reichen, als sie ihre Gaben in den Tempelschatz brachten. „Er sah aber auch eine arme Witwe, die legte dort zwei Scherflein ein. Und er sprach: ‚Wahrlich, ich sage euch: Diese arme Witwe hat mehr als sie alle eingelegt. Denn diese alle haben etwas von ihrem Überfluss zu den Opfern eingelegt; sie aber hat von ihrer Armut alles eingelegt, was sie zum Leben hatte.'" Dieser Vers zieht die Frage nach sich: Wann ist es leichter, großzügig zu sein? Wenn man viel oder wenn man wenig hat? Die Antwort auf diese Frage sagt viel darüber aus, welche Bedeutung Großzügigkeit für uns hat.

Die Gemeinde Jesu in Äthiopien verfügt zwar über sehr wenige Mittel, aber dennoch fühlt sie sich dem Prinzip der Gemeindegründung verpflichtet. In den letzten Jahren sind aufgrund ihres Engagements etwa eintausend kleine Gemeinden gegründet worden. In diesem Land kann ein Gemeindegründer von 1.200 Dollar im Jahr oder 100 Dollar im Monat leben. Deshalb bitten die großen Gemeinden in Addis Abeba und anderen Städten ihre Mitglieder um eine monatliche Spende von fünf Cent für die Mission. Aus diesen Spenden stammt das Geld für den Unterhalt der Gemeindegründer. Andere Gemeinden, manche von ihnen in Amerika, arbeiten mit den äthiopischen Gemeinden zusammen, um andere Güter des täglichen Bedarfs wie zum Beispiel Esel zu beschaffen, aber die monatliche Unterstützung für die Gemeindegründer kommt überwiegend von den Äthiopiern selbst. Fünf Cent pro Monat – das ist für viele Äthiopier viel Geld, aber sie spenden diese Summe regelmäßig und bereitwillig.

Freigiebigkeit innerhalb einer Gemeinde bereichert das Leben aller ihrer Mitglieder. Aber wenn eine Gemeinde lernt, auch nach außen großzügig zu sein, kann noch mehr geschehen. Seit Jahren ist die verfolgte Kirche in China abhängig von Hilfe aus dem Westen. Jetzt sagen die chinesischen Christen jedoch: „Wir wollen einen Teil der Last selbst schultern." Sie möchten das Vorrecht und die Gelegenheit haben zu geben, etwas in das Leben anderer Menschen außerhalb ihrer Gemeinde zu investieren. Nach dem Erdbeben in der Provinz Sichuan im Jahr 2008 leisteten sie Großes, um auf dieses Ziel hinzuarbeiten. Hausgemeinden mobilisierten alle vorhandenen Kräfte für Hilfsleistungen unter den Bewohnern der am schlimmsten betroffenen Gebiete. Zum ersten Mal in ihrer Geschichte konnten die Hausgemeinden etwas geben, und die Auswirkungen sind noch heute spürbar. Ihr bereits vorher ausgeprägter Gemeinschaftssinn wurde noch stärker. Wie die arme Witwe waren sie bereit, ihre Begabungen und ihre vorhandenen Mittel vorbehaltlos einzusetzen.

> **In Äthiopien ist es eine Ehre**, einen Gemeindegründer mit fünf Cent pro Monat zu unterstützen.

Es ist immer ein Zeichen von Reife in einer Gemeinde, wenn die Bereitschaft zu geben über die Nöte ihres direkten Umfelds und ihrer eigenen Leute hinauswächst und sich auf Projekte im Ausland und in weiter Ferne erstreckt. In der göttlichen Ordnung ist Großzügigkeit eine Ehre. Eine Gemeinde, die diesen Gedanken versteht, fühlt sich geehrt, mit anderen zu teilen, was Gott ihnen gegeben hat. In Äthiopien ist es eine Ehre, einen Gemeindegründer mit fünf Cent pro Monat zu unterstützen. Es ist eine Ehre, den Witwen Reis zu bringen. Es ist eine Ehre, Stoffe zu spenden, damit Waisenkinder etwas anzuziehen haben.

Es ist eine Ehre und keine Verpflichtung.

Das Problem mit der Großzügigkeit in der westlichen Welt

Warum tut sich also die Gemeinde Jesu in der westlichen Welt so schwer mit der Großzügigkeit? In Amerika entspricht unsere Vorstellung von Reichtum der Menge des Geldes, das wir haben. Wenn jemand sagt: „Soundso ist vielleicht arm, aber er ist reich, wenn es um zwischenmenschliche Beziehungen geht" oder um einen anderen Lebensbereich, dann ignorieren viele Menschen in unserer Gesellschaft das und denken – oder sprechen es sogar aus: „Wie schön für den Betreffenden. Aber ich brauche etwas Greifbareres." Und doch lautet das oft wiederholte, aber dennoch wahre Zeugnis zu diesem Thema: Wenn es mit uns zu Ende geht, blickt niemand zurück und erklärt: „Hätte ich doch bloß mehr Geld." Stattdessen sagen wir: „Hätte ich doch mehr Freunde." Man hat das schon so oft gehört und gelesen, dass es beinahe klischeehaft klingt, aber es ist trotzdem wahr. Es ist sogar ein heißes Eisen in der säkularen Literatur, wie der von dem bereits verstorbenen Informatik-Professor Randy Pausch kurz vor seinem Tod verfasste Bestseller *The Last Lecture* zeigt (in dt. Sprache erschienen unter dem Titel *The Last Lecture – Die Lehren meines Lebens*, Goldmann-Verlag, 2009; Anm. d. Übers.). Niemand scheint dieser Aussage widersprechen zu wollen, und dennoch jagen wir noch immer dem Geld nach, auf Kosten unserer Beziehungen zu anderen Menschen.

Woher kommt dieser Gegensatz?

Es gibt zwei Betrachtungsweisen über die Ressourcen auf diesem Planeten. Vereinfacht ausgedrückt können wir das Leben aus einem Überflussdenken heraus betrachten und zur Schlussfolgerung kommen, dass es von allem immer genug gibt. Oder aber wir betrachten das Leben aus einer Perspektive des Mangels, der Angst, es könnte jeden Augenblick vorbei sein mit den Ressourcen und – vielleicht wichtiger noch – es könnte alles weg sein, bevor ich „mein Stück vom Kuchen" bekomme.

Zu welcher Kategorie gehören wir?

Unsere Geldsorgen nehmen viele Formen an, aber zu den wichtigsten gehört die Angst, dass wir länger leben könnten als unsere finanziellen Reserven oder unsere Fähigkeit mehr zu verdienen ausreichen oder auch beides davon. Von diesen Ängsten besonders stark betroffen ist die Generation, die während des Zweiten Weltkriegs oder des Koreakriegs aufgewachsen ist und in den 1950-er oder 1960-er Jahren, also der Zeit des Wirtschaftsbooms, Karriere gemacht hat. Unglaublich viele dieser Menschen haben das „gute Leben" angestrebt und auch erreicht. Sie haben hart gearbeitet, Familien gegründet, solide Investitionen getätigt und sind für ihre christlichen Gemeinden und viele andere gemeinnützige Einrichtungen zu großzügigen Spendern geworden. Aber durch ein ungewöhnliches Zusammenspiel zwischen großen Fortschritten in der Medizin und einer schlimmen Rezession in der Wirtschaft ist die Lebenserwartung dieser Generation gestiegen, während ihre Altersversorgung und ihre Geldanlage für den Ruhestand deutlich geschrumpft sind. Heute kämpfen viele dieser großzügigen Spender darum, finanziell über die Runden zu kommen, aber sie sind auch zu stolz um andere um Unterstützung zu bitten. Sie hatten immer mehr als genug, und jetzt müssen sie ihr Leben plötzlich aus einer Perspektive des Mangels heraus bestreiten. Es ist sehr schwer, großzügig zu sein, wenn man das Leben aus dieser Perspektive des Mangels betrachtet. Wie bei den Samenkörnern, die auf die dritte Art von Boden fallen, wird die Großzügigkeit schließlich vom Unkraut der Sorgen erstickt.

Wenn wir noch im Berufsleben stehen, aber uns Sorgen über das sinkende Rentenniveau und die Unsicherheit auf dem Arbeitsmarkt machen, fehlt uns in der Regel die Opferbereitschaft beim Geben. Stattdessen legen wir zwanzig, fünfzig oder sogar einhundert Dollar in den Klingelbeutel und verlassen den Gottesdienst mit einem guten Gewissen. Unser Schuldgefühl ist vielleicht für eine gewisse Zeit gemildert, aber unser „Opfer" kam nicht aus einem echten Mitgefühl für andere, die noch weniger haben als wir. Manche von uns spenden einzig und allein aus steuerlichen Gründen. Statistisch gesehen spenden in Amerika diejenigen am wenigsten, die am meisten haben. Wir konzentrieren uns auf unseren Reichtum. Wir investieren unser Geld, sparen es und machen uns Gedanken darüber, wenn die Börsenkurse oder das Niveau der Arbeitnehmer-Pensionsfonds in den Keller rutschen. Wenn das geschieht, und diese Entwicklung ist unvermeidlich, sparen wir zuallererst bei unseren Spenden.

Dann ist da noch das Problem mit den Schulden. Die Bibel macht zu diesem Thema klare Aussagen. Schulden machen einen Menschen zum Gefangenen, und so sind viele von uns bildlich gesprochen mit eisernen Ketten gefesselt. Das soll nicht heißen, dass wir keine Hypothek aufnehmen sollten, aber wenn wir das tun, sollten wir genügend Kleingeld haben, damit uns eine Hypothek nicht fesselt und knebelt.

Was für Einzelne gilt, gilt auch für ganze Gemeinden. Es ist kein Geheimnis, dass in Amerika christliche Gemeinden in jeder Größe hohe Hypothekendarlehen aufnehmen und ein dementsprechend großes Budget haben. Manchmal suchen Gemeinden deshalb nach neuen und besseren Wegen, ihren Mitgliedern das Geld aus der Tasche zu ziehen.

Werfen wir dagegen einen Blick auf die verfolgte Gemeinde Jesu. Dort gibt es keine großen Gebäude, die unterhalten werden müssen. Die meisten Pastoren haben neben ihrem Dienst in der Gemeinde einen weiteren Beruf, sodass ihre finanziellen Bedürfnisse relativ gering sind.

In Äthiopien und vielen anderen Teilen der Welt werden der Zehnte und weitere Gaben nach der Bezahlung der hauptamtlichen Leiter hauptsächlich für die Unterstützung von Gemeindegründern und Missionaren verwendet und auch für Bedürftige in ihren Gemeinden. Mit dem Geld werden niemals Schulden getilgt, denn in der verfolgten Kirche gibt es keine Schulden. Spenden werden gegeben, weil die Menschen großzügig sind, und es besteht eine direkte Beziehung zwischen dem Geber und dem Empfänger.

Unsere Art des Umgangs mit Geld macht unsere zwischenmenschlichen Beziehungen auch nicht gerade leichter. Im Gegenteil, unser Spendengepflogenheiten können uns davon abhalten, tiefere Beziehungen zu anderen Menschen zu knüpfen, weil sie uns einen formelleren und offizielleren Weg des Austauschs ermöglichen. Es ist immer leichter, einen Scheck oder eine Überweisung auszufüllen als einem Bedürftigen persönlich zu helfen. Aber die Lebensumstände in der globalen Gemeinde Jesu, auch der häufige Austausch von Gütern und Dienstleistungen, führen dazu, dass Großzügigkeit nicht nur zwischenmenschliche Beziehungen erfordert, sondern schafft und vertieft.

Es ist nicht verkehrt, wenn man Geld als Tauschmittel verwendet. Geld ermöglicht uns, aus der Ferne Dinge zu tun, die wir anders nicht bewerkstelligen könnten. Wir können unsere Spenden, Geschenke oder den Zehnten mit Kreditkarten, mit PayPal, Überweisungen oder anderen nützlichen Zahlungsmethoden auf den Weg bringen. Aber jede dieser Methoden hindert uns am direkten, hautnahen Kontakt zu Menschen in Not. Diese Zahlungswege können sogar zu einer allmählichen Isolierung führen. Wenn wir nur noch Überweisungen ausfüllen, entfernen wir uns immer weiter von Menschen, die an anderen Orten Gutes tun. Dieses Verhalten könnte uns sogar daran hindern, uns selbst zu engagieren und Gutes zu tun, wie Gott es für uns geplant hat.

Natürlich ist der Geldmangel ein großes Hindernis für die wirtschaftliche Gesundung und den Wohlstand in Gesellschaften, in denen Gemeinden entstehen. Dennoch stellt sich die Frage: Wer ist reicher – ein Mensch, der sein ganzes Geld auf der Bank hat und keine Freunde und Bekannte oder Beziehungen in seinem Umfeld, oder der Mensch ohne Geld, aber mit vielen Freunden und Bekannten? In Amerika stellen wir gerne eine Rechnung auf. Wir wollen genug Geld haben, um gut leben zu können, und genug Opferbereitschaft zeigen, um auch noch zwischenmenschliche Beziehungen pflegen zu können. Unser Umgang mit Geld kann uns jedoch von anderen Menschen isolieren.

Wenn wir etwas geben, haben wir manchmal ein Gefühl des Verlusts, weil für uns weniger übrig bleibt.

Außerdem kann in der westlichen Welt hinter unserer Großzügigkeit ein anderes Motiv liegen. Man kann sie als Möglichkeit betrachten, Menschen in Not zu dienen, aber oft liegt in dieser Haltung der unterschwellige Wunsch, Gott zu mehr Großzügigkeit dem

Spender gegenüber zu bewegen. In diesem Fall ist Großzügigkeit nichts anders als eine weitere Finanztransaktion. Und das Geben könnte uns auch schwerer fallen, weil dadurch offenbar wird, worauf sich unser Herz ausrichtet. Das Geben fällt uns schwer, denn wenn wir etwas geben, haben wir manchmal ein Gefühl des Verlusts, weil für uns weniger übrig bleibt. Wir sind abhängig von unseren Investitionen und unserem Geld, weil wir meinen, dass es für unser Überleben notwendig ist. Aber die verfolgte Gemeinde Jesu versucht nicht, von Gott noch mehr zu bekommen. Die Christen dort geben, weil es für sie eine Ehre ist, ein Ausdruck des Vertrauens, der Anbetung und des Respekts Gott gegenüber. Und sie geben oft so viel mehr als nur Geld.

In manchen Regionen der Welt ist das Geld knapp, und nur wenige Menschen haben ein Bankkonto, weil es nur sehr wenige Banken gibt. Die Meisten haben noch nicht einmal Kleingeld bei sich. Deshalb lässt sich der Reichtum dieser Menschen nicht darüber definieren, ob sie „flüssig" sind, denn dieser „Fluss" führt so gut wie kein Wasser. Die weltweite verfolgte Kirche ist im Großen und Ganzen eine nicht monetäre Kirche. Wenn es etwas zu verteilen gibt, dann ist es etwas Konkretes wie zum Beispiel ein Huhn oder ein Bett. Und eine Gemeinschaft, die aus einer solchen Art von Austausch entsteht, hat durchaus etwas für sich. Ohne ein neutrales Tauschmittel wie Geld zum Spenden oder zum Erwerben bestimmter Gegenstände muss man das, was man hat, eintauschen gegen das, was man braucht. Manchmal handelt es sich dabei bloß um eine Fähigkeit, die Gott einem Menschen schenkt, um damit in direkten Kontakt zu einem Mitmenschen zu kommen. Der Pastor in Lateinamerika, der bei einem Nachbarn das Haus streichen muss, um von ihm ein Huhn zu bekommen, damit er und seine Familie für eine Woche zu essen haben, knüpft eine direkte Beziehung zu diesem Nachbarn, sodass er ihm das Evangelium verkündigen kann.

Der Apostel Paulus saß auf einem Marktplatz und reparierte Zelte. Diese Tätigkeit ermöglichte es ihm, nebenbei ein paar Briefe zu schreiben und zu predigen.

Was uns fehlt

Der wahre Reichtum im Leben der verfolgten Gemeinde Jesu kommt nicht aus der Menge an Geld auf dem Bankkonto – denn diese Christen haben keine Konten –, sondern aus der Vertrautheit, die durch das enge Zusammenleben mit anderen Menschen entsteht. In der verfolgten Kirche ist „nichts haben" nicht gleichzusetzen mit „Mangel".

Aber es gibt etwas, das *uns* fehlt, und das ist vielleicht der wichtigste Grund, warum wir nicht so großzügig sind wie wir es sein könnten. Mehr als alles andere, mehr als unsere Schuldenlast, unsere Geldsysteme, unsere Versuche, Spenden für das Reich Gottes zu unserem persönlichen Gewinn zu nutzen, läuft alles auf ein einzige Wort hinaus, und dieses Wort lautet *Vertrauen.* Im Alten Testament bedeutet Vertrauen wortwörtlich wiedergegeben: „auf das Gesicht fallen". Wenden wir diese Definition einmal auf den häufig zitierten Vers aus dem Buch der Sprüche an. „Vertraue auf den HERRN mit deinem ganzen Herzen und stütze dich nicht auf deinen Verstand! Auf all deinen Wegen erkenne nur ihn, dann ebnet er selbst deine Pfade!"(Spr 3,5-6). Man könnte es auch so ausdrücken: „Falle auf dein Gesicht vor dem Herrn und stütze dich nicht auf das, was du über alles zu wissen meinst." Aber Vertrauen ist eine riesige Hürde für viele Menschen der westlichen Welt mit ihrer „Macher-Mentalität", denn es ist schwierig, sein Schicksal in die eigenen Hände zu nehmen, wenn man vor dem Schöpfer des Universums auf dem Boden liegt – mit dem Gesicht nach unten.

In der globalen Gemeinde Jesu ist Vertrauen kein Thema. Die Christen dort vertrauen einander so sehr, dass sie sagen können: „Ich habe nichts zu essen, ich brauche ein paar Lebensmittel“ oder: „Ich bin krank, ich brauche Hilfe“ oder: „Ich liege im Sterben, und ich bitte dich, versprich mir, dass du dich um meine Kinder kümmerst.“ Die verfolgte Kirche ist eine authentische, von Vertrauen und gegenseitiger Abhängigkeit geprägte Gemeinschaft.

Die verfolgte Gemeinde Jesu lehrt uns, dass man sich nicht schämen sollte, wenn man in Not ist.

Im Gegensatz dazu mögen wir es gar nicht, wenn wir jemandem einen Gefallen schulden oder wenn wir unseren Nachbarn gegenüber verpflichtet sind. Wenn aber zum Beispiel mein Nachbar und ich voneinander abhängig sind, wenn ich ihn heute brauche und er mich morgen braucht, dann kommt nicht das Gefühl auf, dem anderen etwas zu schulden. Das mögen wir schon eher, denn dann leben wir nach dem Motto: „Eine Hand wäscht die andere.“ Das Gefühl, jemandem etwas schuldig zu sein, ist verwurzelt in meinem Stolz. Ich fühle mich erniedrigt, weil ich Hilfe brauche, und ich fühle mich unwohl, weil ich meine, ich müsste mich irgendwie revanchieren, bevor ich mich wieder gut fühlen kann.

Christliche Gemeinden helfen uns manchmal unbeabsichtigt, dieses Schamgefühl der Bedürftigkeit in unserer Gesellschaft zu umgehen. Anstatt Menschen durch die Gemeinschaft miteinander zu verbinden, richten wir eine allgemeine Unterstützungskasse ein. Wenn unser Nachbar arbeitslos wird, braucht er bloß ein Formular auszufüllen, es im Gemeindebüro abzugeben und auf die Entscheidung des Unterstützungsausschusses zu warten. Das Ganze läuft ähnlich ab wie ein Kreditantrag bei einer Bank, bloß ohne die Bereitstellung von Sicherheiten. Und niemand braucht zu wissen, dass unser Nachbar in Not ist, vor allem nicht seine Freunde und Nachbarn.

Aber die verfolgte Gemeinde Jesu lehrt uns, dass man sich nicht schämen sollte, wenn man in Not ist. In einer Gesellschaft, in der die meisten Menschen so gut wie gar nichts haben, gibt es dieses Schamgefühl nicht, denn alle haben die gleichen Voraussetzungen. Aber in Amerika verkauft sich diese Denkweise nur schlecht. Wie oft haben wir erst Monate nach der Entlassung gehört, dass ein guter Freund seine Arbeitsstelle verloren hat? Und selbst dann erfahren wir es nur, weil seine Frau im Frauenbibelkreis erwähnt hat, dass es ihrem Mann nicht so gut geht. „Was ist denn passiert?“ – „Also, er hat vor neun Monaten seine Arbeitsstelle verloren, aber er will nicht, dass sich das herumspricht.“ Diese Einstellung spiegelt die Realität einer Wohlstandsgesellschaft wider. In einer vom Geld besessenen Gesellschaft verliert ein Mann mit seiner Arbeitsstelle auch seine Identität.

Wäre es nicht besser, wenn die Unterstützung von Bedürftigen von Mensch zu Mensch in kleinen Gruppen oder in unserer Nachbarschaft geschehen könnte? Es sollte doch in Ordnung sein, einem guten Bekannten Lebensmittel zu bringen oder andere Leute um Hilfe zu bitten. Aber in der Regel läuft es anders, und das folgende Beispiel stammt aus dem richtigen Leben. Sagen wir, Bob braucht 1.000 Dollar, und Chris hat diese Summe. Aber Chris gibt Bob nicht einfach das Geld, sondern er geht zu einem Mitarbeiter in seiner christlichen Gemeinde und sagt zu ihm: „Ich möchte Bob die Summe von 1.000 Dollar schenken. Wie kann ich eine Steuervergünstigung für diesen Betrag bekommen?" Spendet Chris das Geld der Unterstützungskasse, die es dann an Bob aushändigt, bekommt Chris einen Steuernachlass.

Auch hier haben wir ein Beispiel, wie etwas Gutes, ein Anreiz für Menschen, Bedürftigen zu helfen, zu einem Mittel wird, aus einem guten Werk im Namen Gottes einen persönlichen Vorteil zu ziehen. Es ist nicht verkehrt, wenn man aus einer Spende einen materiellen Gewinn erzielt, aber diesen möglichen Vorteil sollten wir bei unserer Großzügigkeit nicht einkalkulieren. Denn diese Art von berechnendem Denken verleitet uns dazu, den persönlichen Vorteil (damit meinen wir „uns") über das Wohl der Gemeinschaft zu stellen.

Wenn wir richtig verstehen, was gegenseitige Abhängigkeit bedeutet, und erkennen, dass es nicht erniedrigend ist, einem anderen Christen gegenüber unsere Not einzugestehen und dieser Bruder sagt: „Wir stehen das gemeinsam durch. Was mein ist, ist auch dein" und umgekehrt, dann verschwindet auch dieses Gefühl der Verpflichtung. Damit so etwas funktionieren kann, müssen wir jedoch unseren Stolz herunterschlucken und Vertrauen lernen.

Aber nur allzu oft fehlt es uns an Vertrauen, weil wir eine Abneigung dagegen haben, von anderen ausgenutzt zu werden. Wir haben kein Vertrauen zu unseren Politikern. Wir haben kein Vertrauen zu den Institutionen unserer Wirtschaft. Wir haben kein Vertrauen in unsere Schulen oder Universitäten. Wir vertrauen noch nicht einmal darauf, dass unsere christliche Gemeinde in schweren Zeiten für uns da ist.

Gelegentlich finden sich jedoch Menschen, die mit finanziellen Mitteln gesegnet sind und dennoch begreifen, worum es wirklich geht. Sie wagen im Glauben einen wichtigen Schritt und vertrauen darauf, dass ihre Gemeinde ihnen dabei hilft, die Last des Reichtums abzulegen und ihnen zeigt, wie man Großzügigkeit übt. Unser erster Schritt sollte also darin bestehen, die örtliche Gemeinde zu unterstützen, denn dort kümmert man sich um unsere Kinder und unsere Familie, und dort treffen wir unsere Nachbarn und Freunde. Als Nächstes sollten wir eine oder mehrere christliche Einrichtungen finanziell unterstützen. Wir sollten unsere Wahl nicht nur anhand der zu finanzierenden Projekte treffen, sondern auch abschätzen, welche Möglichkeiten sich für ein persönliches Engagement bieten. Mit anderen Worten sollten wir nicht bloß eine Organisation finanziell unterstützen, sondern ggf. an konkreten Projekten dieser Organisation teilnehmen und praktische Hilfe leisten. Noch besser wäre es, wenn wir die ganze Familie oder Freunde mitnehmen könnten. Dies Reisen hat zwei große Vorteile. Erstens kann Gott durch diese Erfahrung unseren Horizont erweitern. Zweitens kommen wir nach Hause und wissen, wie unser Geld verwendet wird. Wir erleben es vor Ort, und wir knüpfen eine direkte Verbindung zu den Menschen, denen wir helfen.

Die beste Art von Großzügigkeit entwickelt sich aus Beziehungen. Genau das beobachten wir in der verfolgten Kirche.

Im gemeinnützigen Sektor bemühen sich qualitätsbewusste Organisationen um die Herzen der Menschen und um ihre Geldbeutel. Diese Einrichtungen wünschen sich ein verstärktes Engagement ihrer Unterstützer, weil Herzen umgewandelt werden, wenn Menschen sich persönlich einbringen. Da bei der aktuellen Wirtschaftslage das Geld nicht mehr so locker sitzt, machen selbst die Wohlhabenden ihre Hausaufgaben, bevor sie sich entscheiden, wo sie ihre finanziellen Mittel einsetzen wollen. Sie prüfen genau, welcher Prozentsatz ihrer Spenden für Gehälter und Betriebskosten ausgegeben wird und wie viel tatsächlich bei den Projekten ankommt. Dieses Denken erwächst primär aus dem Trend in Richtung direktes Engagement, denn die wohlhabenden Spender sind heute stärker daran interessiert, wohin ihre Gelder fließen. Aber die beste Art von Großzügigkeit entwickelt sich aus organisch gewachsenen Beziehungen. Genau das beobachten wir in der verfolgten Kirche, und genau das sollten wir von ihr lernen. Die Ursprünge unserer Denkweise liegen jedoch in unserer Vorstellung über das Wesen Gottes. Wenn wir in diesem Punkt falsch liegen, machen wir auch auf anderen Gebieten Fehler. Wir sind nicht großzügig mit unseren finanziellen Mitteln, weil wir nicht verstehen, was Großzügigkeit wirklich ist. Wir sehen uns als Eigentümer und nicht als Verwalter. Aber auch die gemeinnützigen Organisationen tragen eine gewisse Schuld, denn vielleicht haben sie Großzügigkeit mit der Höhe unserer Spenden gleichgesetzt und nicht mit zwischenmenschlichen Beziehungen.

Verwalter mit dem richtigen Chef

Pastoren und Leiter von gemeinnützigen Organisationen stehen an der Spitze von Einrichtungen, die für ihr Überleben auf Spenden angewiesen sind. Sie können sich nicht bis zum Ende des Haushaltsjahrs mit Tauschhandel durchschlagen. Aber zum Jahresende wissen sie, dass sie neue Spender gewinnen können, wenn sie sich als gute Verwalter der ihnen bereits zur Verfügung gestellten Mittel erweisen. Und der verantwortungsvolle Umgang mit finanziellen Mitteln ist entscheidend für den Erfolg einer gemeinnützigen Einrichtung oder einer christlichen Gemeinde.

Zwischen vielen christlichen Werken und gemeinnützigen Netzwerken entsteht ein wachsendes Bewusstsein für die gemeinsame Arbeit im Reich Gottes. Diese Entwicklung wird vorangetrieben von Spendern, die sagen: „Sie sollten mit dieser mir gut bekannten Organisation zusammenarbeiten." Es entsteht niemals ein Konkurrenzkampf, wenn jede Organisation denselben Chef über sich hat. Und dieser Chef ist ein jüdischer Zimmermann.

Was uns die verfolgte Kirche über Vertrauen lehrt

Was können wir also von der verfolgten Gemeinde Jesu lernen, wenn es um Großzügigkeit geht? Wir lernen, dass liebevolle Zuwendung wichtiger ist als der Geldfluss, dass wahre Großzügigkeit aus einem echten Miteinander erwächst und dass das Ganze ein Geben und Nehmen ist. Auf der einen Seite ist da der Mensch, der sich um seinen Nachbarn kümmern möchte, aber auf der anderen Seite ist der Nachbar auch dafür verantwortlich, andere über seine Notlage zu informieren. Wieder ist der Dreh- und Angelpunkt unsere Fähigkeit zu vertrauen oder das Fehlen dieser Fähigkeit.

Vergegenwärtigen wir uns einmal das folgende Szenario: Wir schlendern durch die Straßen einer ganz normalen Stadt in Amerika, und wir begegnen einer Frau, die Schokoriegel verkauft, einem Mann, der Orangen zum Verkauf anbietet und einem Pärchen, das neben der Ampel steht und ein Schild hochhält, auf dem steht: „Wir sind pleite. Wir haben Hunger. Bitte helfen Sie uns. Gott segne Sie dafür."

Wer von diesen Leuten meint es ehrlich und wer nicht?

Wahrscheinlich geben wir der Frau mit den Schokoriegeln ein bisschen Geld (ihre Kinder sammeln offenbar Spenden für ein Schul-Projekt). Bei dem Mann mit den Orangen sind wir schon vorsichtiger (Woher kommen die Früchte? Sind sie mit Pestiziden belastet?), aber bei dem Pärchen an der Ampel werden wir bestimmt davon ausgehen, dass sich die Beiden von dem Geld bloß alkoholische Getränke besorgen wollen. In Amerika gehen uns ständig solche Berechnungen durch den Kopf. Leider schwappt diese Denkweise zum Teil auch über auf unser Spendenverhalten bei Projekten in der Gemeinde, bei Kleidersammlungen für Bedürftige oder bei der Unterstützung von Missionswerken. In Amerika dreht sich alles um Berechenbarkeit und Verantwortung.

Aber stellen Sie sich einmal diese Frage: Hat Jesus jemals eine nochmalige Überprüfung der Leute durchgeführt, die er geheilt hat? Hat er Teams zu ihnen geschickt, um sicher zu gehen, dass sie mit ihren „neuen" Beinen oder Augen ein gottesfürchtiges Leben führten? Er heilte gleichzeitig zehn blinde Männer, und dennoch kam nur einer von ihnen zu ihm zurück, um ihm zu danken. Hatte Jesus Kundschafter ausgesandt, damit sie die anderen neun ausfindig machen und sie befragen konnten, warum sie sich nicht bei ihm bedankt hatten? Natürlich nicht.

Die Heilung der Blinden, der Aussätzigen, des Gelähmten, den man durch das Dach zu ihm herunterließ, der Frau, die in der Menschenmenge den Saum seines Gewands ergriff, und die Auferweckung des Lazarus – bei diesen Wundern ging es nicht bloß um die Menschen, die geheilt wurden. Es ging Jesus vielmehr um eine eindeutige, unleugbare Bekundung seiner Macht, die Auswirkungen der Sünde umzukehren. Er bereitete dadurch bloß alles für ein größeres Fest vor. Oder hören wir seine eigenen Worte: „Was ist leichter? Zu dem Gelähmten zu sagen: Deine Sünden sind vergeben, oder zu sagen: Steh auf und nimm dein Bett auf und geh umher?" (Mk 2,9). Im gleichen Sinn geht es bei unserem Spendenverhalten nicht um die Spende an sich, auch wenn wir oft versuchen, es so darzustellen. Die materiellen Güter, die Gott uns anvertraut, sind keine Geschenke an uns. Sie sind für höheres Ziel bestimmt, für die Arbeit im Reich Gottes, die getan werden muss. Und wenn wir der Verlockung erliegen, uns überflüssigerweise noch mehr Geld zu erarbeiten oder wenn wir anfangen, unser Geld zu horten, dann sollten wir uns an die Frage von Judas in Johannes 12 ins Gedächtnis rufen, als Maria ein Pfund eines sehr teuren Salböls nahm und die Füße Jesu damit salbte. „Warum ist dieses Salböl nicht für dreihundert Denare verkauft und den Armen gegeben worden? ... Da sprach Jesus: Lass sie! Möge sie es aufbewahrt haben für den Tag meines Begräbnisses! Denn die Armen habt ihr allezeit bei euch, mich aber habt ihr nicht allezeit“(Joh 12,5.7-8).

Jesus sagt dem Judas – und damit auch uns – klar und deutlich, dass nicht der Geldwert einer Gabe von Bedeutung ist, sondern die Hingabe, die dadurch zum Ausdruck kommt.

Gepriesen sei Gott, der Vater unseres Herrn Jesus Christus!
In seinem großen Erbarmen hat er uns wiedergeboren
und uns mit einer lebendigen Hoffnung erfüllt.
Sie gründet sich darauf, dass Jesus Christus von den Toten auferstanden ist und richtet sich auf das unvergängliche, unbefleckte und unverderbliche Erbe, das Gott im Himmel für euch bereithält. Und weil ihr an ihn glaubt, wird Gott euch durch seine Macht für die Rettung bewahren, die schon bereitliegt, um dann in der letzten Zeit offenbar zu werden.

1. Petrus 1,3-5 (NeÜ)

Weil Gott uns solches Erbarmen geschenkt hat, liebe Geschwister, ermahne ich euch nun auch, dass ihr euch mit Leib und Leben Gott als lebendiges und heiliges Opfer zur Verfügung stellt.
An solchen Opfern hat er Freude, und das ist der wahre Gottesdienst. Und richtet euch nicht nach den Maßstäben dieser Welt, sondern lasst die Art und Weise, wie ihr denkt, von Gott erneuern und euch dadurch umgestalten, sodass ihr prüfen könnt, ob etwas Gottes Wille ist – ob es gut ist, ob es Gott gefallen würde und ob es zum Ziel führt.

Römer 12,1-2 (NeÜ)

Epilog

Mit dem Anbruch des zweiten Jahrzehnts im 21. Jahrhundert richtete sich die weltweite Aufmerksamkeit stärker auf Begriffe wie Nachhaltigkeit unserer Umwelt. Die amerikanische Umweltschutzbehörde formulierte es so: „Die traditionelle Definition von Nachhaltigkeit erfordert politische Maßnahmen und Strategien, die die gegenwärtigen Bedürfnisse der Gesellschaft erfüllen, ohne dass die Fähigkeit künftiger Generationen, ihre Bedürfnisse zu erfüllen, gefährdet wird."[1] Diese Entwicklung ging nur langsam voran. Als Reaktion auf das steigende Bewusstsein für Umweltbelange, das in den 1940-er und zu Beginn der 1950-er Jahre an Zugkraft gewann, wurde 1970 im Gesetz über nationale Umweltpolitik ein landesweites Ziel formuliert, und zwar die Schaffung und Aufrechterhaltung von Bedingungen, unter denen Mensch und Natur „in produktivem Gleichklang existieren und die gesellschaftlichen, wirtschaftlichen und anderen Anforderungen heutiger und künftiger Generationen von Amerikanern erfüllen können."

Heute werden die Debatte und die Forschung von so verschiedenen Fachgebieten bestimmt wie der Materialwirtschaft, dem Gesundheitswesen, Biobrennstoffen bis hin zum Klimawandel, von Ökosystemen und dem Studium unserer Kulturlandschaften. Der Schwerpunkt liegt zunehmend auf der Entwicklung und Bildung von so genannten „Musterlösungen", mit deren Hilfe man für die Menschheit das Bestmögliche erreichen will, auf eine möglichst umweltverträgliche Art. In diesem Zusammenhang wird oft der Begriff „Ausgleich des Kohlendioxid-Ausstoßes" verwendet. Einfach ausgedrückt macht uns das Konzept der nachhaltigen Entwicklung bewusst, dass wir nicht so weitermachen können wie bisher, dass wir neue Lösungen für „alte" Probleme finden müssen und dass wir Partner brauchen, die uns bei der Suche nach solchen Lösungen helfen.

Wenn die Gemeinde Jesu des 21. Jahrhunderts auf eine „nachhaltige Entwicklung" ausgerichtet sein will, sollten wir einen ähnlichen Weg finden und alle Kräfte bündeln. Wenn wir den Willen Gottes für seine Gemeinde in die Tat umsetzen sollen, dann sollten wir die Stärken der westlichen Welt nutzen und von unseren verfolgten Geschwistern alles lernen und übernehmen, was wir können. Verfolgung führt oft zu Leid, aber dieses Leid kann uns eine neue Perspektive vermitteln, eine Perspektive darüber, wer wir wirklich sind oder wer wir in Jesus Christus, durch die große Barmherzigkeit Gottes, sein können.

Der Apostel Petrus hat es so ausgedrückt:

> Denn ihr wisst, dass ihr nicht mit vergänglichen Dingen, mit Silber oder Gold, erlöst worden seid von eurem eitlen, von den Vätern überlieferten Wandel, sondern mit dem kostbaren Blut Christi als eines Lammes ohne Fehler und ohne Flecken. Er ist zwar im Voraus vor Grundlegung der Welt erkannt, aber am Ende der Zeiten offenbart worden um euretwillen, die ihr durch ihn an Gott glaubt, der ihn aus den Toten auferweckt und ihm Herrlichkeit gegeben hat, so dass euer Glaube und eure Hoffnung auf Gott gerichtet ist. Da ihr eure Seelen durch den Gehorsam gegen die Wahrheit zur ungeheuchelten Bruderliebe gereinigt habt, so liebt einander anhaltend, aus reinem Herzen! Denn ihr seid wiedergeboren nicht aus vergänglichem Samen, sondern aus unvergänglichem, durch das lebendige und bleibende Wort Gottes. Denn „alles Fleisch ist wie Gras und alle seine Herrlichkeit

wie des Grases Blume. Das Gras ist verdorrt, und die Blume ist abgefallen; aber das Wort des Herrn bleibt in Ewigkeit." (1Petr 1,18-25)

Wie wir aus den Ausführungen in diesem Buch erkennen können, sind verfolgte Christen ein Geschenk Gottes an die westliche Welt. Ihr Verständnis vom Wesen Gottes, ihre Ehrfurcht vor seinem Wort, ihre Abhängigkeit von Gebet und Anbetung, ihr authentischer Alltag in der Gemeinschaft, ihre an der Bibel orientierte Unterordnung unter die Obrigkeit und ihre uneingeschränkte Großzügigkeit können für uns zu unerschöpflichen Kraftquellen werden, wenn wir bereit sind, in Demut von ihnen zu lernen.

Und wenn wir uns der verfolgten Kirche mit dieser Haltung der Demut nähern, dann werden wir erleben, wie Gott uns in seiner Gnade nahe ist. Glücklicherweise ist seine Gnade eine erneuerbare Energiequelle.

Weil seine Treue so groß ist, ist seine Gnade jeden Morgen neu.

Anmerkungen

Einleitung

1. John Canemaker, *Before the Animation Begins*, Hyperion, New York, 1996, S. 15
2. Übernommen aus: *A Leader's Guide to After-Action Reviews*, Department of the Army, Washington, D.C., 1993, S. 1-4

Kapitel 1: Gott und sein Wort

1. A.W. Tozer, *The Knowledge of the Holy*, Harper & Row, New York, 1961, S. 6-7
2. J.I. Packer, *Knowing God*, InterVarsity Press, Downers Grove, 1973, S. 99
3. Ebd., S. 101f.
4. R.C. Sproul, Robert Wolgemuth, *What's in the Bible*, Word/Nelson, Nashville, 2000, S. 168
5. Warren W. Wiersbe, *The Bible Exposition Commentary New Testament Volume 1*, Cook, Colorado Springs, 2001, S. 122
6. Paul Estabrooks et al., *Standing Strong in the Storm*, Open Doors International, Santa Ana, Calif., 2003, S. 216

Kapitel 2: Die Anbetung Gottes und die Gemeinde Jesu

1. Paul Estabrooks et al., a.a.O., S. 107

Kapitel 3: Gebet und Abhängigkeit von Gott

1. Paul Estabrooks et al., a.a.O., S. 225f.

Kapitel 4: Gemeinschaft, Gesellschaft und Evangelisation

1. Reuben Welch, *We Really Do Need Each Other*, Impact Books, Nashville, 1973, S. 34f.
2. Dietrich Bonhoeffer, *Life Together*, Harper & Row, San Francisco, 1954, S. 25f., 29f. (in dt. Sprache erschienen unter dem Titel *Gemeinsames Leben*, Gütersloh, 2006; Anm. d. Übers.)

Kapitel 6: Großzügigkeit und Haushalterschaft

1. John Piper, *The Pleasures of God*, Multnomah, Sisters, Oreg., 2000, S. 14

Epilog

1. U.S. Environmental Protection Agency, „Sustainability: Basic Information“, http://www.epa.gov/sustainability/basicinfo.htm

Dank

Von Carl Moeller

Mein besonderer Dank gilt David Hegg, weil er bereit war, gemeinsam mit mir an diesem Projekt zu arbeiten. Von Anfang an wusste ich, dass Dave und ich Gleichgesinnte sind, wenn es um Jesus Christus und seine Gemeinde geht. Während unserer Zusammenarbeit fand ich heraus, wie scharf sein Verstand und wie außergewöhnlich seine Bereitschaft zum Dienen ist. Danke, Dave, dass du dich zu 110 Prozent in dieses Buch eingebracht hast.

Ich danke auch dem Team von Open Doors USA, weil es für mich ein Segen ist, mit so erstaunlichen Kindern Gottes zusammenzuarbeiten. Diese Christen sind bereit, ihre eigenen Wünsche zurückzustellen, damit sie ihren verfolgten Geschwistern dienen können.

Von David W. Hegg

Jedes lohnenswerte Projekt entwickelt sich aus dem Zusammenwirken von mehreren engagierten Leuten. Vielleicht ist dieses Buch das beste Beispiel für diese Tatsache. Mein größter Dank geht an Carl Moeller und das tolle Team von treuen Jüngern Jesu bei Open Doors USA. Joel Pilcher ist ein besonders hilfreicher und angenehmer Partner gewesen – bei diesem Buch und auch bei früheren Projekten. Obwohl ich bereits seit vielen Jahren mit Open Doors zusammenarbeite, bewundere ich immer wieder aufs Neue die Mitarbeiter wegen ihres unerschütterlichen Glaubens an Jesus Christus und wegen ihres kompromisslosen Engagements für diejenigen, die zwar den Glauben mit uns gemeinsam haben, aber nicht unsere Freiheit kennen.

Ich danke auch Craig Hodgkins, der ganze Berge von Material durchgesehen hat, um unsere Gedanken wie aus einem Guss wiederzugeben. Mein Dank gilt auch den engagierten Pastoren aus Addis Abeba, dir mir zum ersten Mal gezeigt haben, wie viel die Gemeinde Jesu in unserer westlichen Welt noch zu lernen hat.

Schließlich danke ich auch meinen Mitarbeitern in der Baptistengemeinde (Grace Baptist Church) für ihre ständige Unterstützung und Hilfe, und auch meiner wunderbaren Frau, die dafür sorgt, dass unser Leben so schön und zufriedenstellend ist – mitten im Abenteuer des Dienstes in einer christlichen Ortsgemeinde.

Soli Deo Gloria!

Buchempfehlungen

Arno Hohage/Hartmut Jaeger/Joachim Pletsch/Dieter Ziegeler (Hrsg.)
Die Bibel im Brennpunkt
Ewige Wahrheit im Wandel der Zeit
Tb., 11 x 18 cm, 160 Seiten

Welche Autorität besitzt die Bibel noch für uns? Ist sie uns heilig oder nur noch Mittel zum Zweck? Dieses Buch ist eine Bestandsaufnahme dessen, wie man bis heute – auch vermehrt in sogenannten bibeltreuen Gemeinden – mit der Bibel umgegangen ist und umgeht.
Es ist darüber hinaus der Versuch, eine Besinnung darüber einzuleiten, wie wir die Bibel richtig auslegen, welche Voraussetzungen wir dafür beachten müssen und wie wir eine verantwortbare Bibelauslegung praktisch umsetzen können.

Best.-Nr. 271.069
EUR (D) 6,90; EUR (A) 7,10; SFR 10,50
ISBN 978-3-86353-069-3

Christliche Verlagsgesellschaft mbH
Kompetent. Profiliert. Engagiert.

Arno Hohage/Hartmut Jaeger/Joachim Pletsch/Dieter Ziegeler (Hrsg.)
Zu meinem Gedächtnis
Das Mahl des Herrn im Kontext von Gemeinde heute
Tb., 11 x 18 cm, 160 Seiten

Ist eine Reform traditioneller Anbetungsformen notwendig geworden? Um welche Inhalte geht es eigentlich bei der Mahlfeier? Welche Rolle spielen Gefühle dabei und in welchem Maße sollen bzw. können sie einfließen und gezeigt werden? Welche Rolle spielen Liturgie und Anschaulichkeit?
All das sind Fragen, die heute vermehrt aufkommen und in diesem Buch beantwortet werden. Es will zur biblischen Orientierung beitragen und beleuchtet zahlreiche grundlegende Aspekte im Zusammenhang mit Mahlfeier und Anbetung.

Best.-Nr. 271.004
EUR (D) 6,90; EUR (A) 7,10; SFR 10,50
ISBN 978-3-86353-004-4

Christliche Verlagsgesellschaft mbH
Kompetent. Profiliert. Engagiert.

Alexander Strauch
Mit Liebe leiten
Geb., 256 Seiten

Dieses Buch vermittelt allen, die Menschen leiten und führen, ein klares Verständnis darüber, was die Bibel über die Liebe lehrt. Es verhilft dazu, diesen Dienst mit noch mehr Liebe auszuüben.

Best.-Nr. 273.563
EUR (D) 13,90; EUR (A) 14,30; SFR 20,90
ISBN 978-3-89436-563-9

Alexander Strauch
Gut, dass wir einander haben
Biblische Prinzipien für den Umgang mit Konflikten
Geb., 208 Seiten

Alexander Strauch zeigt biblische Prinzipien auf, wie man unter Christen mit Konflikten umgehen kann – egal, ob es sich um persönliche Spannungen, Fragen nach dem Lebensstil, der Gemeindepraxis oder um verschiedene Lehrauffassungen handelt.

Best.-Nr. 273.978
EUR (D) 14,90; EUR (A) 15,30; SFR 22,50
ISBN 978-3-89436-978-1

Open Doors

Im Dienst der verfolgten **Christen** weltweit

Der Dienst von Open Doors

Über 100 Millionen Christen leiden heute aufgrund ihres Glaubens unter Benachteiligung und Verfolgung. Manchen wird verboten, Gottesdienste zu besuchen oder sich zum Gebet zu versammeln. Wieder andere werden wegen ihres Glaubens an Jesus Christus gefoltert oder gar ermordet. Open Doors ist ein überkonfessionelles christliches Hilfswerk, das sich seit etwa 60 Jahren weltweit für verfolgte Christen einsetzt.

Wie es begann

Die Arbeit begann 1955 mit dem Schmuggeln von Bibeln hinter den Eisernen Vorhang. Damals brachte der Holländer Anne van der Bijl, der als Bruder Andrew oder – nach seiner Bestseller-Autobiografie – als „Der Schmuggler Gottes“ bekannt wurde, Bibeln in Länder von Polen bis nach China.

Heute ist Open Doors in mehr als 50 Ländern aktiv, vor allem in Asien, Afrika und dem Nahen Osten.

Schwerpunktbereiche unseres Dienstes

- Verteilung von Bibeln und christlichem Schulungsmaterial
- Ausbildung von Pastoren und Mitarbeitern der Untergrundgemeinden
- Gefangenenhilfe und Unterstützung der Familien von ermordeten Christen
- Aufbau von Zufluchtsstätten für ehemalige Muslime, die Christus angenommen haben

- Soziale Hilfsprojekte für mittellose Christen in der Verfolgung (Hilfe zur Selbsthilfe)
- Nothilfeprojekte in Konflikt- und Katastrophengebieten
- Information, Gebets- und Hilfsaufrufe an die Christen in der freien Welt

Was Sie tun können

Wer für verfolgte Christen beten möchte, kann das monatliche Open Doors-Magazin kostenlos beziehen. Darin gibt es aktuelle Berichte von der verfolgten Kirche, konkrete Gebetsanliegen für jeden Tag des Monats und Projektbeispiele.

Darüber hinaus gibt es eine Vielzahl von Möglichkeiten, sich für verfolgte Christen zu engagieren. Gerne kommen Mitarbeiter von Open Doors auch zu Vorträgen oder zu Predigten in Ihre Gemeinde.

Kontaktieren Sie uns:

Open Doors Deutschland
Postfach 1142
65761 Kelkheim

Telefon: +49 (0)6195-6767 0
Telefax: +49 (0)6195-6767 20
E-Mail: info@opendoors.de
www.facebook.com/opendoorsDE

www.opendoors.de

Postbank Karlsruhe
IBAN: DE67 6601 0075 0315 1857 50
BIC: PBNKDEFF